한글 법보 염불집

한글 법보 염불집

삶 속에서 독송해야 할
보배로운 가르침

도서
출판 법공양

부처님 은혜에 감사드리며

【삼귀의】

귀의불 양족존
歸依佛 兩足尊
거룩한 부처님께 귀의합니다.

귀의법 이욕존
歸依法 離欲尊
성스런 가르침에 귀의합니다.

귀의승 중중존
歸依僧 衆中尊
청정한 스님들께 귀의합니다.

【칠불통계】

제악막작
諸惡莫作
오늘도 나의 허물 되돌아보며

중선봉행
衆善奉行
맑고도 향기로운 삶을 살면서

자정기의
自淨其意
하늘빛 푸른 소원 참마음으로

시제불교
是諸佛教
부처님 가르침을 꽃피우소서.

【사홍서원】

중생 무변 서원도
衆生 無邊 誓願度
중생을 다 건지오리다.

번뇌 무진 서원단
煩惱 無盡 誓願斷
번뇌를 다 끊으오리다.

법문 무량 서원학
法門 無量 誓願學
법문을 다 배우오리다.

불도 무상 서원성
佛道 無上 誓願成
불도를 다 이루오리다.

* 팔관재계八關齋戒에서 '관關'은 허물이 일어나지
  않게 막는 것이요, '재齋'는 맑고 깨끗한 삶이며
  '계戒'란 지켜야 할 것을 말한다.
  여덟 가지 계를 잘 지키면 '맑고 깨끗한 삶'의
  뿌리가 저절로 형성된다.

* 팔관재계는 매달 음력 1일, 8일, 14일, 15일, 18일, 23일,
  24일, 28일, 29일, 30일인 십재일에 받아 지녀
  부처님의 복덕과 지혜를 닦아나가는 방편이다.
  십재일은 나쁜 기운이 드세어 사람의 몸을 해치고
  마음을 어지럽히는 날이다.
  그러므로 부처님께서는 여덟 가지 계와
  한낮이 지나면 음식을 먹지 않는 재법齋法으로
  모든 중생이 복덕과 지혜를 길러
  세상의 괴로움에서 벗어나게 하였다.

〖팔관재계〗

하루 낮 하룻밤 동안

불비시식不非時食

한낮이 지나면 먹지 않는 '맑고 깨끗한 삶'을 살아야 합니다.

하루 낮 하룻밤 동안

1. 중생의 생명을 빼앗지 않고 '자비로운 삶'을 살아야 합니다.

2. 도둑질 하지 않고 '마음이 넉넉한 삶'을 살아야 합니다.

3. 인간관계를 나쁘게 맺지 않고 '행복한 삶'을 살아야 합니다.

4. 거짓말하지 않고 '진실한 삶'을 살아야 합니다.

5. 술을 마시지 않고 '지혜로운 삶'을 살아야 합니다.

하루 낮 하룻밤 동안

6. 향수나 꽃으로 몸을 꾸미지 않고 '편안한 삶'을 살아야 합니다.

7. 춤이나 노래로 마음이 들뜨지 않고 '고요한 삶'을 살아야 합니다.

8. 높은 자리에 앉지 않고 '마음을 비우는 삶'을 살아야 합니다.

불기   년   월   일 수계행자 :   印

한글 법보 염불집 인연문

지극정성으로 부처님을 부르면서 몸 낮추어 절을 하는 모습은 그 자체가 아름다운 수행입니다. 고요한 산사에서 대중이 함께 부처님을 향해 절을 올리며 새벽어둠의 적막을 깨는 예불 소리는 온 세상을 장엄하며, 모든 사람의 마음속에 깊은 울림을 줍니다.

예불을 올리고 의식을 펼치면서 독송하는 부처님의 보배로운 가르침을 우리는 법보法寶라고 합니다. 부처님의 은혜 속에 살아가는 우리가 늘 가슴에 품고 살아야 하는 가르침입니다. 이 가르침을 늘 독송하다 보면, 일상생활 속에 부처님 마음이 그대로 녹아들어 부처님의 삶을 살아가게 하는 바탕이 됩니다.

절집에서 사용하는 염불과 불교 의식은 이러한 가르침을 시시때때로 불자들에게 상기시켜 주는 의미 있는 수행의 방편입니다. 그래서 염불을 비롯한 모든 의식 하나하나가 오랜 시간에 걸쳐 정성껏 다듬어져 온 것입니다. 염불 자체만으로도 크나큰 감동을 주는 이유가 여기에 있습니다.

불교 의식의 내용은 집전하는 목적에 따라 다양하지만, 일반 불자님들에게 가장 친숙한 것은 오분향 예불문, 행선축원문, 반야심경 등과 기도할 때 늘 독송하는 천수경입니다.

절에 오래 다니면서 염불하는 불자님들은 무상계, 의상조사 법성게, 화엄경 약찬게, 관음시식 등도 자연스럽게 몸에 익어져 있습니다.

하지만 아쉽게도 일상적으로 일반 불자님들과 함께 진행하는 예불이나 기도, 사십구재 등 불교 의식이 아직도 한문으로만 진행되고 있는 경우가 많습니다. 한문에 익숙한 불자님들도 있겠지만 대부분은 뜻을 모른 채 혹은 막연한 짐작 속에 청아한 염불 소리에 끌려 따라 읽고 있습니다.

물론 그렇다 해도 부처님의 뛰어난 가르침이 전달되지 않는 것은 아닙니다. 부처님의 가르침에 대한 불자님들의 뜨거운 신심이 염불 속에 스며있기 때문입니다. 그러므로 그 뜻을 바로 알고 독송한다면 신심이 더욱 커져, 그 마음자리에서 지혜 공덕이 흘러나와 세상 곳곳을 불국토로 장엄하게 될 것입니다. 진실로 부처님의 가르침이 온 누리에 빛나지 않는 곳이 없을 것입니다.

늘 이와 같은 생각을 품고 있던 터에 지리산 백장암 행선 스님께서 한글 의식 법요집을 냈으면 좋겠다는 원력을 말씀하셨을 때, 저 역시 깊이 공감하고 이 시대에 보람 있는 불사의 디딤돌이 되었으면 하는 바람에서 '한글 법보 염불집'을 펴내게 되었습니다.

시대를 밝히는 등불과 같은 몇몇 스님들의 노력으로 반야심경이나 천수경 등 불교 의식 일부분을 한글로 독송하는 경우도 많아졌습니다. '한글 법보 염불집'도 그런 노력의 한 부분으로 만들어진 것입니다.

이 '한글 법보 염불집'은 불자님들뿐만 아니라, 세상을 살아가는 누구에게나 도움이 되는 가치 있는 내용들을 담고 있습니다. 간절히 바라옵건대 이 염불집의 인연으로 많은 분이 법의 향기에 젖어 참 행복한 세상에서 영원한 빛 영원한 삶을 살아가시기를 부처님 전에 축원 올립니다.

오고 가는 세월 속에 늙지 않는 것이 있어
가을 서리 그조차도 어찌하지 못한 마음
신비한 빛 늠름하게 온 천지를 밝혔으니
그 자리서 온갖 모습 영원토록 빛나도다.

2020년 설날
송광사 산모퉁이 인월암 산방에서
인월행자 두 손 모음

차례

일러두기

1. 이 염불집은 좌측에 한문, 우측에 한글을 배치하여
   한문이나 한글을 독송하시는 분들 모두 보시는 데
   불편이 없도록 배려하였습니다.

2. '향기로운 부처님의 가르침'에는 49재 때 영가를 위하여
   많이 독송하는 '원각경 보안보살장'과 '불설 아미타경'을
   한글 번역으로 실었으며, 자비경이나 행복경 등
   사람들에게 잘 알려진 부처님의 가르침도 뜻을 살려
   함께 정리해 놓았습니다.

3. (   ) 안에 들어간 지문은 대체로 읽지 않아도 되지만
   의식을 집전하는 분이 필요한 상황에 따라 적절히
   활용할 수 있는 부분입니다.

4. 문장의 흐름상 한글 번역과 원문의 배열이 일치하지 않는
   경우도 있습니다.

5. 🔔은 요령, 🪵은 목탁을 사용할 때 쓰는 표시입니다.
   요령은 의식을 주관하는 법주가
   목탁은 법주를 뒷바라지하는 바라지가 주로 사용합니다.
   요령과 목탁을 동시에 사용하거나
   목탁만 사용하는 부분에서 동참대중은 그 부분을
   함께 합송해도 되는 경우가 많습니다.

1

아침저녁 종성

◖아침 종성◗

(지옥 게偈)[1]

鐵圍山間　沃焦山
철위산간　옥초산

火湯爐炭　劒樹刀
화탕노탄　검수도

八萬四千　地獄門
팔만사천　지옥문

仗秘呪力　今日開
장비주력　금일개

철위산 사이사이 불길 가득 옥초산[2] 속
뜨거운 물 끓는 지옥 마그마가 넘친 지옥
칼산지옥 이런 온갖 지옥문이 있사오니
비밀스런 주문으로 오늘 이 문 여옵니다.

願此鐘聲　遍法界
원차종성　변법계

鐵圍幽暗　悉皆明
철위유암　실개명

三途離苦　破刀山
삼도이고　파도산

一切衆生　成正覺
일체중생　성정각

이 종소리 온 법계에 두루 하여서
철위산의 깜깜 지옥 다 밝아지고
삼악도와 칼산지옥 다 타파하여
모든 중생 깨달음을 이루옵소서.

南無　毘盧教主　華藏慈尊
나무　비로교주　화장자존

演寶偈之金文　布琅函之玉軸
연보게지금문　포낭함지옥축

塵塵混入　刹刹圓融
진진혼입　찰찰원융

十兆九萬　五千四十八字
십조구만　오천사십팔자

一乘圓教　大方廣佛華嚴經
일승원교　대방광불화엄경

빛과 장엄 부처님의 보배로운 가르침에
티끌처럼 많은 국토 서로 품고 하나 되어
십조구만 오천마흔 여덟 자로 쓰인 경전
부처님의 마음자리 빠짐없이 드러내는
대방광불 화엄경에 지성 귀의 하옵니다.

---

1. 영가를 제도하기 위하여 지옥문을 여는 게송이다.
2. 옥초는 물을 빨아들이는 돌로, 무간지옥의 불길로 항상 뜨거운 이 돌은 산처럼 커서 옥초산이라 한다.

若人 欲了知 약인 욕료지	세상에 계시는 모든 부처님
三世 一切佛 삼세 일체불	우리가 분명히 알고자 하면
應觀 法界性 응관 법계성	법계의 성품을 보아야 하니
一切 唯心造 일체 유심조	모두 다 마음이 만들었을 뿐.[1]

○ 破破 지옥 진언

나모 아따 시지남 삼먁 삼못다 구치남

옴 아자나 바바시 지리지리 훔 (3번)

(장엄염불 시작하는 게송들)[2]

願我盡生 無別念 원아진생 무별념	제가 이 생 다하도록 오직 한마음
阿彌陀佛 獨相隨 아미타불 독상수	아미타불 부처님만 따라가리니
心心常係 玉毫光 심심상계 옥호광	마음은 늘 옥호광명 속에 들어가
念念不離 金色相 염념불리 금색상	생각마다 황금빛 몸 떠나질 않네.

我執念珠 法界觀 아집 염주 법계관	제가 이제 염주 들고 법계를 봄에
虛空爲繩 無不貫 허공위승 무불관	허공에서 내려 보니 모든 것 보여
平等舍那 無何處 평등사나 무하처	노사나불 어디인들 아니 계실까
觀求西方 阿彌陀 관구서방 아미타	서방정토 아미타불 눈앞에 있네.

---

1. 화엄경 사구게四句偈이다. '사구게'란 부처님의 모든 가르침이 녹아 있는 네 구절의 짧은 게송을 말한다.
2. 장엄염불은 필요에 따라 적당히 가감할 수 있다. 게송이 끝날 때마다 '나무아미타불' 후렴을 길게 넣어준다.

南無
나무

극락세계 교주에게 귀의하오니

西方大敎主 無量壽如來佛
서방대교주 무량수여래불

무량수불 영원한 빛 영원한 생명

南無 阿彌陀佛
나무 아미타불

아미타불 부처님께 귀의합니다.

극락세계 10종 장엄

法藏誓願 修因莊嚴
법장서원 수인장엄

법장비구[1] 원을 세워 부처님 삶 바라면서

四十八願 願力莊嚴
사십팔원 원력장엄

마흔여덟 원력으로 이 세상을 살아가며

彌陀名號 壽光莊嚴
미타명호 수광장엄

아미타불 영원한 빛 영원한 삶 장엄하리.

三大士觀 寶像莊嚴
삼대사관 보상장엄

세 분 성현[2] 보배상호 보고 나니 기쁨이요

彌陀國土 安樂莊嚴
미타국토 안락장엄

아미타불 극락정토 즐거움 속 편안하며

寶河淸淨 德水莊嚴
보하청정 덕수장엄

맑디맑은 공덕수로 보배 강물 장엄하리.

寶殿如意 樓閣莊嚴
보전여의 누각장엄

아미타불 누각 궁전 여의주로 꾸며 놓고

晝夜長遠 時分莊嚴
주야장원 시분장엄

밤낮으로 영원토록 매 순간을 즐기면서

二十四樂 淨土莊嚴
이십사락 정토장엄

온갖 많은 즐거움이 정토 가득 넘쳐흘러

三十種益 功德莊嚴
삼십종익 공덕장엄

서른 가지 이익 있는 공덕으로 장엄하리.

---

1. 법장비구는 마흔여덟 가지 원력을 세워 아미타불이 되었다.
2. 세 분 성현은 석가모니 부처님, 문수보살, 보현보살을 말한다.

미타인행 사십팔원[1]

惡趣無名 願 악취무명 원		나쁜 세상 이름조차 사라지길 바라면서
無墮惡道 願 무타악도 원		다시 악도 떨어지는 사람 없길 서원하네.

同眞金色 願 동진금색 원		모두가 다 황금빛 몸 갖추기를 바라면서
形貌無差 願 형모무차 원		부처님의 모습으로 차별 없길 서원하네.

成就宿命 願 성취숙명 원		숙명통의 신통묘용 성취하길 바라면서
生獲天眼 願 생획천안 원		천안통의 신통묘용 지니기를 서원하네.

生獲天耳 願 생획천이 원		천이통의 신통묘용 얻어 갖길 바라면서
悉知心行 願 실지심행 원		타심통의 신통묘용 모두 알기 서원하네.

神足超越 願 신족초월 원		신족통의 신통묘용 뛰어넘기 바라면서
淨無我想 願 정무아상 원		나란 집착 다 여의어 청정하길 서원하네.

決定正覺 願 결정정각 원		바른 깨침 확실하게 다 이루기 바라면서
光明普照 願 광명보조 원		밝은 빛이 시방세계 비추기를 서원하네.

---

1. '미타인행彌陀因行 사십팔원' 곧 법장비구의 마흔여덟 가지 원력을 두 개씩 묶어 정리하였다.

壽量無窮 願
수량무궁 원
한량없는 수명으로 오래 살기 바라면서

聲聞無數 願
성문무수 원
부처님 법 듣는 이가 끝이 없길 서원하네.

衆生長壽 願
중생장수 원
중생마다 오래도록 장수하기 바라면서

皆獲善名 願
개획선명 원
모두 함께 좋은 평판 갖게 되길 서원하네.

諸佛稱讚 願
제불칭찬 원
시방삼세 부처님께 칭찬 듣기 바라면서

十念往生 願
십념왕생 원
아미타불 칭념 염불 극락왕생 서원하네.

臨終現前 願
임종현전 원
임종할 때 아미타불 맞이하기 바라면서

回向皆生 願
회향개생 원
회향 복덕 모든 중생 왕생하길 서원하네.

具足妙相 願
구족묘상 원
아름답고 좋은 모습 다 갖추기 바라면서

咸階補處 願
함계보처 원
모두 함께 부처님을 보좌하길 서원하네.

晨供他方 願
신공타방 원
시방삼세 부처님께 아침 공양 올리면서

所須滿足 願
소수만족 원
구하는 바 모든 것에 만족하길 서원하네.

善入本智 願
선입본지 원
부처님의 근본지혜 들어가길 바라면서

那羅延力 願
나라연력 원
영원토록 금강의 힘 모두 얻기 서원하네.

莊嚴無量 願
장엄무량 원
寶樹悉知 願
보수실지 원

헤아릴 수 없는 공덕 장엄하기 바라면서
보리수를 알아보고 깨닫기를 서원하네.

獲勝辯才 願
획승변재 원
大辯無邊 願
대변무변 원

막힘없는 말재주를 모두 얻기 바라면서
걸림 없는 말 쓰임새 끝이 없길 서원하네.

國淨普照 願
국정보조 원
無量勝音 願
무량승음 원

청정국토 두루 밝게 비추기를 바라면서
아름다운 소리들이 한량없길 서원하네.

蒙光安樂 願
몽광안락 원
成就總持 願
성취총지 원

빛 속에서 편안하고 즐겁기를 바라면서
모든 공덕 성취하여 다 지니길 서원하네.

永離女身 願
영리여신 원
聞名至果 願
문명지과 원

영원토록 중생의 몸 벗어나기 바라면서
아미타불 명호 듣고 성불하길 서원하네.

天人敬禮 願
천인경례 원
須衣隨念 願
수의수염 원

천인들이 공경하여 예배하길 바라면서
생각대로 옷이 절로 입혀지기 서원하네.

纔生心淨 願
재생심정 원
樹現佛刹 願
수현불찰 원

자기 마음 움직여도 깨끗하길 바라면서
보배나무 불국토에 출현하기 서원하네.

無諸根缺 願 무제근결 원	태어난 몸 구석구석 장애 없길 바라면서
現證等持 願 현증등지 원	지금 바로 깨달음을 증득하기 서원하네.

聞生豪貴 願 문생호귀 원	좋은 집안 귀한 몸을 모두 받기 바라면서
具足善根 願 구족선근 원	착한 마음 그 뿌리를 다 갖추길 서원하네.

供佛堅固 願 공불견고 원	부처님께 영원토록 공양하길 바라면서
欲聞自聞 願 욕문자문 원	듣고 싶은 법문들을 절로 듣길 서원하네.

菩提無退 願 보리무퇴 원	깨달음의 자리에서 늘 머물기 바라면서
現獲忍地 願 현획인지 원	생사 없는 마음자리 바로 얻길 서원하네.

석가여래 8상相 성도成道

兜率來儀 相 도솔내의 상	도솔천의 코끼리가 마야부인 품에 들어
毘藍降生 相 비람강생 상	꽃이 피는 사월 팔일 룸비니에 태어나서
四門遊觀 相 사문유관 상	동서남북 세상살이 그 고통을 아시고는
踰城出家 相 유성출가 상	이월 팔일 성을 떠나 출가사문 되었노라.

雪山修道 相 설산수도 상	설산에서 온갖 고행 참아내고 공부하다

樹下降魔 相 수하항마 상	납월[1] 팔일 붓다가야 마군 항복 성불하니
鹿苑轉法 相 녹원전법 상	녹야원서 법 설하며 중생구제 시작하여
雙林涅槃 相 쌍림열반 상	이월 보름 참 좋은 날 쌍림에서 열반했네.

5종 대은大恩 명심불망銘心不忘

各安其所 國王之恩 각안기소 국왕지은		편안하게 어디든지 살게 해 준 나라 은혜
生養劬勞 父母之恩 생양구로 부모지은		낳아 주고 길러 주신 하늘같은 부모 은혜
流通正法 師長之恩 유통정법 사장지은		바른 법을 일러 주고 깨쳐 주신 스승 은혜
四事供養 檀越之恩 사사공양 단월지은		의식주와 치료 공덕 공양 올린 시주 은혜
琢磨相成 朋友之恩 탁마상성 붕우지은		함께 닦고 부딪히며 성장하는 벗의 은혜

當可爲報 唯此念佛 당가위보 유차염불	이 은혜를 갚기 위해 지극정성 염불하리.

제불보살 10종 대은大恩[2]

發心普被 恩 발심보피 은	중생제도 발심으로 그 공덕을 주신 은혜
難行苦行 恩 난행고행 은	온갖 고행 실천하여 그 공덕을 주신 은혜
一向爲他 恩 일향위타 은	한결같이 남을 위한 그 공덕을 주신 은혜

---

1. 납월은 12월을 말한다.
2. 모든 불보살님의 열 가지 크신 은혜를 말한다.

隨形六途 恩
수형육도　은

隨逐衆生 恩
수축중생　은

大悲深重 恩
대비심중　은

육도 중생 모습 갖춰 그 공덕을 주신 은혜

중생들의 근기 따라 그 공덕을 주신 은혜

자비심을 베풀어서 그 공덕을 주신 은혜

隱勝彰劣 恩
은승창열　은

爲實示權 恩
위실시권　은

示滅生善 恩
시멸생선　은

悲念無盡 恩
비념무진　은

늘 모든 것 다 주어도 부족하다 하신 은혜

방편으로 실상 보여 그 공덕을 주신 은혜

열반 보여 착한 마음 내게 하신 크신 은혜

중생 향한 큰 자비심 끝이 없이 주신 은혜

보현보살 10종 대원大願[1]

禮敬諸佛 願
예경제불　원

稱讚如來 願
칭찬여래　원

廣修供養 願
광수공양　원

부처님을 모두 모셔 예불하길 마음 내고

거룩하신 여래 덕상 찬탄하길 바라면서

빠짐없이 부처님께 공양하길 원합니다.

懺除業障 願
참제업장　원

隨喜功德 願
수희공덕　원

請轉法輪 願
청전법륜　원

여러 생에 지은 업장 참회하길 마음 내고

부처님의 크신 공덕 기뻐하기 바라면서

영원토록 법을 설해 주시기를 원합니다.

---

1. 보현보살의 열 가지 넓고 크신 원력을 정리한 것이다.

請佛住世 願 청불주세 원	이 세상에 부처님이 늘 계시기 바라면서
常隨佛學 願 상수불학 원	자나 깨나 부처님 법 배우기를 마음 내고
恒順衆生 願 항순중생 원	언제라도 중생들의 뜻에 따라 맞춰주며
普皆廻向 願 보개회향 원	보살행의 모든 공덕 회향하길 원합니다.

다생부모 10종 대은大恩

懷胎守護 恩 회태수호 은	태 안에서 품은 아기 보호해 준 크신 은혜
臨産受苦 恩 임산수고 은	낳을 적에 온갖 고통 감내하신 크신 은혜
生子忘憂 恩 생자망우 은	갓난아기 태어난 뒤 고통 잊은 크신 은혜

咽苦吐甘 恩 연고토감 은	쓴 것 뱉고 단 음식만 먹여 주신 크신 은혜
廻乾就濕 恩 회건취습 은	젖은 자리 마른자리 가려 누인 크신 은혜
乳哺養育 恩 유포양육 은	품에 안고 젖을 먹여 길러 주신 크신 은혜

洗濯不淨 恩 세탁부정 은	더러운 옷 빨아 주고 입혀 주신 크신 은혜
遠行憶念 恩 원행억념 은	먼 길 떠나 있을 적에 기도해 준 크신 은혜
爲造惡業 恩 위조악업 은	자식 위해 험한 일도 마다 않는 크신 은혜
究竟憐愍 恩 구경연민 은	제 자식을 영원토록 품고 사는 크신 은혜

고성염불 10종 공덕

一者功德　能排睡眠
일자공덕　능배수면
二者功德　天魔驚怖
이자공덕　천마경포
三者功德　聲遍十方
삼자공덕　성변시방

밀려오는 졸음 쫓아 머리 맑힌 공덕이요
마구니가 두려워서 도망치는 공덕이며
염불소리 시방 가득 장엄하는 공덕이네.

四者功德　三途息苦
사자공덕　삼도식고
五者功德　外聲不入
오자공덕　외성불입
六者功德　念心不散
육자공덕　염심불산

지옥 아귀 축생들의 고통 없앤 공덕이요
바깥 경계 온갖 소리 장애 없는 공덕이며
염불하는 그 마음에 집중하는 공덕이네.

七者功德　勇猛精進
칠자공덕　용맹정진
八者功德　諸佛歡喜
팔자공덕　제불환희
九者功德　三昧現前
구자공덕　삼매현전
十者功德　往生淨土
십자공덕　왕생정토

용맹스런 정진력이 이뤄지는 공덕이요
부처님들 모두 함께 기뻐하는 공덕이며
염불삼매 눈앞에서 드러나는 공덕이고
마침내는 극락정토 왕생하는 공덕이네.

(장엄염불 게송)[1]

靑山疊疊　彌陀窟
청산첩첩　미타굴
滄海茫茫　寂滅宮
창해망망　적멸궁
物物拈來　無罣礙
물물염래　무가애

겹겹으로 푸른 산들 아미타불 법당이요
아득하게 너른 바다 적멸보궁 도량이라
온갖 경계 부딪쳐도 걸림 없는 마음이니

---

1. 장엄염불은 필요에 따라 적당히 가감할 수 있다. 게송이 끝날 때마다 '나무아미타불' 후렴을 길게 넣어준다.

幾看松亭 기간송정	鶴頭紅 학두홍	솔 정자에 학의 머리 붉은 점을 보았느냐.

極樂堂前 극락당전	滿月容 만월용	극락전 앞 아미타불 보름달과 같은 모습
玉毫金色 옥호금색	照虛空 조허공	옥호광명 황금빛이 허공 가득 비추나니
若人一念 약인일념	稱名號 칭명호	누구라도 마음 모아 아미타불 부른다면
頃刻圓成 경각원성	無量功 무량공	순식간에 깨달아서 무량공덕 이루리라.

三界猶如 삼계유여	汲井輪 급정륜	삼계 윤회 하는 모습 두레박의 신세 같아
百千萬劫 백천만겁	歷微塵 역미진	백천만겁 오랜 세월 번뇌 속에 살았기에
此身不向 차신불향	今生度 금생도	이내 몸을 금생에서 제도하지 않는다면
更待何生 갱대하생	度此身 도차신	다시 어느 생을 받아 이내 몸을 제도하리.

天上天下 천상천하	無如佛 무여불	하늘 위나 하늘 아래 부처님이 으뜸이니
十方世界 시방세계	亦無比 역무비	시방세계 둘러봐도 이런 분은 전혀 없고
世間所有 세간소유	我盡見 아진견	이 세상의 모든 이를 내가 모두 보았지만
一切無有 일체무유	如佛者 여불자	부처님과 같은 분은 찾을 수가 없었다네.

刹塵心念 찰진심념	可數知 가수지	많은 국토 티끌 수의 낱낱 마음 알 수 있고
大海中水 대해중수	可飮盡 가음진	넓은 바다 그 바닷물 남김없이 마시면서
虛空可量 허공가량	風可繫 풍가계	허공 크기 잴 수 있고 부는 바람 잡아매도

無能盡說 佛功德
무능진설 불공덕

부처님의 크신 공덕 이루 말할 수가 없네.

假使頂戴 經盡劫
가사정대 경진겁

身爲牀座 徧三千
신위상좌 변삼천

若不傳法 度衆生
약불전법 도중생

畢竟無能 報恩者
필경무능 보은자

설사 경을 머리 이고 세상 끝을 돌고 돌아
경을 읽는 이내 몸이 삼천 세계 뒤덮어도
법으로써 중생들을 제도하지 않는다면
부처님의 크신 은혜 갚지 못한 사람 되네.

我此普賢 殊勝行
아차보현 수승행

無邊勝福 皆回向
무변승복 개회향

普願沈溺 諸衆生
보원침익 제중생

速往無量 光佛刹
속왕무량 광불찰

제가 이제 보현보살 보살행을 실천하여
끝도 없는 뛰어난 복 남김없이 회향하니
괴로움에 빠져 있는 모든 중생 남김없이
무량광불 극락정토 어서 빨리 가게 하리.

阿彌陀佛 在何方
아미타불 재하방

着得心頭 切莫忘
착득심두 절막망

念到念窮 無念處
염도염궁 무념처

六門常放 紫金光
육문상방 자금광

아미타불 부처님이 어느 곳에 계신가를
마음속에 아로새겨 결코 잊지 말지어다
생각하다 모든 생각 끊어진 곳 도달하면
몸에서 늘 세상 밝힐 금빛광명 놓으리라.

報化非眞 了妄緣
보화비진 요망연

法身淸淨 廣無邊
법신청정 광무변

千江有水 千江月
천강유수 천강월

보신 화신 그조차도 알고 보면 거짓 인연
법신이라 그지없이 맑디맑은 마음자리
일천 강물 그 속에서 떠오르는 밝은 달빛

萬里無雲　萬里天
만리무운　만리천

구름 한 점 없이 내내 끝이 없는 푸른 하늘.

地獄途中　受苦衆生
지옥도중　수고중생
聞此鐘聲　豁然開悟
문차종성　활연개오

지옥에서 고통받는 중생들은 빠짐없이
이 종소리 듣는 즉시 마음 깨쳐 성불하리.

餓鬼途中　受苦衆生
아귀도중　수고중생
聞此鐘聲　永滅飢虛
문차종성　영멸기허

아귀도에 고통받는 중생들은 빠짐없이
이 종소리 듣는 즉시 굶주림을 벗어나리.

畜生途中　受苦衆生
축생도중　수고중생
聞此鐘聲　智慧明徹
문차종성　지혜명철

축생으로 고통받는 중생들은 빠짐없이
이 종소리 듣는 즉시 그들 지혜 밝아지리.

如是乃至　九類衆生
여시내지　구류중생
聞此鐘聲　離苦得樂
문차종성　이고득락

이와 같이 윤회하는 모든 중생 빠짐없이
이 종소리 듣는 즉시 고통 없어 행복하리.

百劫積集罪　一念頓蕩除
백겁적집죄　일념돈탕제
如火焚枯草　滅盡無有餘
여화분고초　멸진무유여

오랜 세월 지은 죄를 한 생각에 다 없애니
마른 풀이 불에 타듯 한 터럭도 남지 않네.

歸依大聖尊　能拔三途苦
귀의대성존　능발삼도고
亦願諸衆生　普入無爲樂
역원제중생　보입무위락

부처님께 귀의하니 온갖 고통 제거하여
모든 중생 영원토록 행복하게 하옵소서.

世尊座道場　比如千日出
세존좌도량　비여천일출
常放大光明　照耀大千界
상방대광명　조요대천계

앉아 계신 세존 모습 저 하늘의 태양처럼
밝은 빛이 늘 환하게 온 세상을 비추도다.

願共法界　諸衆生
원공법계　제중생
同入彌陀　大願海
동입미타　대원해
盡未來際　度衆生
진미래제　도중생
自他一時　成佛道
자타일시　성불도

원하오니 이 법계의 모든 중생 빠짐없이
모두 함께 아미타불 원력 바다 들어가서
오는 세상 다하도록 중생들을 제도하여
모든 중생 한날한시 부처님 삶 이루소서.

° 아미타불 본심 미묘 진언

다냐타 옴 아리다라 사바하 (7번)

願以此功德　普及於一切
원이차공덕　보급어일체
我等與衆生　當生極樂國
아등여중생　당생극락국
同見無量壽　皆共成佛道
동견무량수　개공성불도

원하오니 이 공덕이 모든 곳에 널리 퍼져
저와 같은 모든 중생 극락세계 태어나서
아미타불 만나 뵙고 모두 성불 하옵소서.

▌저녁 종성▐

聞鐘聲 煩惱斷　　종소리가 들려오니 온갖 번뇌 끊어지고
문종성 번뇌단

智慧長 菩提生　　모든 지혜 밝아지며 보리심이 절로 나서
지혜장 보리생

離地獄 出三界　　지옥 고통 벗어나고 중생계를 벗어나니
이지옥 출삼계

願成佛 度衆生　　어서 빨리 성불하여 중생제도 하옵소서.
원성불 도중생

◦ 파破 지옥 진언[1]

옴 가라지야 사바하 (3번)

---

1. 지옥의 고통을 없애주는 진언이다.

2

아침저녁 예불

五分香 禮佛文

我今 淸淨水
아금 청정수

變爲 甘露茶
변위 감로다

奉獻 三寶前
봉헌 삼보전

願垂 哀納受
원수 애납수

願垂 哀納受
원수 애납수

願垂慈悲 哀納受[1]
원수자비 애납수

戒香 定香 慧香
계향 정향 혜향

解脫香 解脫知見香
해탈향 해탈지견향

光明雲臺 周遍法界
광명운대 주변법계

供養十方 無量佛法僧
공양시방 무량불법승

---

1. 이 부분은 아침 예불 때만 하고, 저녁 예불에는 계향 정향부터 시작한다.

오분향 예불문

저희들이 이제 올린 맑고 맑은 물 한 그릇
부처님의 가피 입어 감로다가 되었기에
부처님과 올바른 법 청정 승가 삼보 앞에
지극하온 마음으로 정성 다해 올리오니

부처님의 자비로써 애틋하게 받으소서.
부처님의 자비로써 애틋하게 받으소서.
부처님의 자비로써 애틋하게 받아 주옵소서. (새벽 예불)

맑고 고운 삶으로써 험한 세상 밝히옵고 (戒香)
번뇌 없는 마음으로 금빛 하늘 바라보며 (定香)
참 행복한 세상에서 슬기롭게 살아가니 (慧香)
온갖 모습 연꽃으로 온 누리에 피어나서 (解脫香)
부처님의 지견으로 뭇 생명을 구하리라. (解脫知見香)

하늘 가득 지혜 광명 우주 법계 충만하여
시방세계 한량없이 많고 많은 부처님들
바른 법과 승보님께 이 공양을 올립니다.

獻香 眞言
헌향 진언

옴 바아라 도비야 훔 (3번)

至心 歸命禮
지심 귀명례

三界導師 四生慈父
삼계도사 사생자부

是我本師 釋迦牟尼佛
시아본사 석가모니불

至心 歸命禮
지심 귀명례

十方三世 帝網刹海
시방삼세 제망찰해

常住一切 佛陀耶衆
상주일체 불타야중

至心 歸命禮
지심 귀명례

十方三世 帝網刹海
시방삼세 제망찰해

常住一切 達摩耶衆
상주일체 달마야중

至心 歸命禮
지심 귀명례

大智 文殊舍利菩薩 大行 普賢菩薩
대지 문수사리보살 대행 보현보살

大悲 觀世音菩薩 大願本尊 地藏菩薩摩訶薩
대비 관세음보살 대원본존 지장보살마하살

∘ 헌향 진언[1]

옴 바아라 도비야 훔 (3번)

모든 중생 제도하는 자비로운 어버이신
본디부터 우리 스승 석가모니 부처님께
몸과 마음 다 바쳐서 지극정성 절합니다.

시방삼세 온 우주에 거듭거듭 펼쳐지는
온갖 국토 어디라도 항상 계신 부처님들
몸과 마음 다 바쳐서 지극정성 절합니다.

시방삼세 온 우주에 거듭거듭 펼쳐지는
온갖 국토 어디라도 항상 있는 가르침에
몸과 마음 다 바쳐서 지극정성 절합니다.

지혜로운 문수보살 육도만행 보현보살
자비로운 관음보살 대원본존 지장보살
몸과 마음 다 바쳐서 지극정성 절합니다.

---

1. 지극정성 향을 사르며 공양 올리는 진언이다.

至心　歸命禮
지심　귀명례

靈山當時　受佛附囑　十大弟子[1]　十六聖[2]　五百聖
영산당시　수불부촉　십대제자　십육성　오백성

獨修聖[3]　乃至　千二百　諸大阿羅漢　無量慈悲聖衆
독수성　내지　천이백　제대아라한　무량자비성중

至心　歸命禮
지심　귀명례

西乾東震　及我海東　歷代傳燈　諸大祖師
서건동진　급아해동　역대전등　제대조사

天下宗師　一切微塵數　諸大善知識
천하종사　일체미진수　제대선지식

至心　歸命禮
지심　귀명례

十方三世　帝網刹海
시방삼세　제망찰해

常住一切　僧伽耶衆
상주일체　승가야중

唯願　無盡三寶
유원　무진삼보

大慈大悲　受我頂禮　冥熏加被力
대자대비　수아정례　명훈가피력

願共法界　諸衆生　自他一時　成佛道
원공법계　제중생　자타일시　성불도

---

1. 고행 으뜸 가섭, 지혜 으뜸 사리불, 신통 으뜸 목건련, 설법 으뜸 부루나, 해공解空 으뜸 수보리, 지계持戒 으뜸 우바리, 논의論議 으뜸 가전연, 밀행密行 으뜸 라후라, 천안天眼 으뜸 아나율타, 다문多聞 으뜸 아난 등 열 분을 말한다.
2. 부처님께서 열반하실 때 영원히 세간에 머물러 정법을 수호하도록 당부한 열여섯 분의 성인을 말한다.
3. 홀로 도를 닦아 성인이 된 분을 독수성獨修聖이나 독각獨覺 또는 연각緣覺이라 부르기도 한다.

영산회상 법을 이은 십대제자 십육성인
오백 성현[1] 독수성과 천이백의 대아라한[2]
헤아릴 수 없이 많은 자비로운 성중님들
몸과 마음 다 바쳐서 지극정성 절합니다.

인도 중국 우리나라 세계 곳곳 법을 전한
천하 종사 큰스님들 많고 많은 선지식들
몸과 마음 다 바쳐서 지극정성 절합니다.

시방삼세 온 우주에 거듭거듭 펼쳐지는
온갖 국토 어디라도 항상 계신 승보님께
몸과 마음 다 바쳐서 지극정성 절합니다.

바라건대 이 세상에 다함 없는 삼보시여!
대자대비 베푸시어 저희 예배 받으시고
끊임없이 펼쳐지는 부처님의 가피로써
일체중생 모두 함께 성불하길 원합니다.

---

1. 오백 성현은 1차와 4차 경전결집 때 동참했던 아라한들을 말한다. 『법화경』 수기품에도 500명의 아라한이 수기를 받는 내용이 나온다.
2. 천이백 아라한은 1250명의 아라한을 줄여 말한 것이다. 야사장자 아들과 그 도반 50명, 우루빈라 가섭과 그 제자 500명, 나제가섭과 그 제자 250명, 가야가섭과 그 제자 250명, 목건련과 그 제자 100명, 사리불과 그 제자 100명을 합친 데에서 1250명의 숫자를 말한 것이다.

【행선축원문】

朝夕香燈 獻佛前
조석향등 헌불전

歸依三寶 禮金仙
귀의삼보 예금선

國界安寧 兵革消
국계안녕 병혁소

天下太平 法輪轉
천하태평 법륜전

부처님 전 아침저녁 향과 등불 올리옵고
삼보님께 귀의하여 공경 예배 하옵나니
이 나라가 편안해져 전쟁할 일 없어지고
온 천하가 태평하여 부처님 법 영원하리.

願我世世 生生處
원아세세 생생처

常於般若 不退轉
상어반야 불퇴전

如彼本師 勇猛智
여피본사 용맹지

如彼舍那 大覺果
여피사나 대각과

원하건대 세세생생 저희 모두 날 적마다
늘 언제나 반야 지혜 물러나지 않게 하여
석가모니 스승님의 거침없는 지혜 바다
노사나불 깨달음을 어서 빨리 얻게 하고

如彼文殊 大智慧
여피문수 대지혜

如彼普賢 廣大行
여피보현 광대행

如彼地藏 無邊身
여피지장 무변신

如彼觀音 三二應
여피관음 삼이응

十方世界 無不現
시방세계 무불현

普令衆生 入無爲
보령중생 입무위

문수보살 큰 지혜와 보현보살 보살행과

지장보살 끝없는 몸 관음보살 서른두 몸

시방세계 나타나지 않는 곳이 없게 하여
부처님의 세상으로 모든 중생 가게 하리.

聞我名者 免三途
문아명자 면삼도

見我形者 得解脫
견아형자 득해탈

如是教化 恒沙劫
여시교화 항사겁

畢竟無佛 及衆生
필경무불 급중생

제 이름을 듣는 이는 삼악도를 벗어나고
제 모습을 보는 이는 생사 해탈 얻게 하여
이와 같이 영원토록 중생들을 교화하니
부처님과 중생들이 차별 없는 세상 되리.

山門肅靜 絶悲憂
산문숙정 절비우

寺內災殃 永消滅
사내재앙 영소멸

土地天龍 護三寶
토지천룡 호삼보

山神局司 補禎祥
산신국사 보정상

세상 경계 고요하고 근심 걱정 다 끊어져
도량 안의 온갖 재앙 영원토록 사라지니
토지신과 천룡들이 우리 삼보 보호하고
산신령과 도량신이 하는 일들 상서롭네.

蠢動含靈 登彼岸
준동함령 등피안

世世常行 菩薩道
세세상행 보살도

究竟圓成 薩婆若
구경원성 살바야

摩訶般若 婆羅蜜
마하반야 바라밀

꿈틀대는 미물조차 부처님의 세상 가고
세세생생 빠짐없이 보살도를 늘 행하니
마침내는 부처님의 모든 지혜 이루어져
부처님의 세상으로 가는 지혜 빛이 나리라.

나무 석가모니불,
나무 석가모니불, 나무 시아본사 석가모니불.

◖이산혜연 선사 발원문◗

모든 중생 제도하는 거룩하신 부처님들
크나큰 길 밝게 비친 깨끗하고 묘한 법문
삼계 고초 벗어나서 자재하신 스님들께
몸과 마음 다 바쳐서 지극정성 절하오니
대자대비 베푸시어 애틋하게 거두소서.

이 자리에 무릎 꿇은 어리석은 저희 모두
참된 성품 등지옵고 어두운 길 잘못 들어
나고 죽는 물결 따라 색과 소리 물이 들고
심술궂고 욕심내어 온갖 번뇌 쌓았으며

보고 듣고 맛봄으로 한량없는 죄를 지어
잘못된 길 갈팡질팡 생사고해 헤매나니
나와 남에 집착하고 그른 길만 찾아다녀
여러 생에 지은 업장 크고 작은 모든 허물
삼보 전에 빠짐없이 일심 참회 하옵나니

바라옵건대
부처님의 이끄심과 선지식의 도움으로
고통 바다 헤어나서 열반 언덕 가사이다.

이 세상에 명과 복덕 길이길이 융성하고
오는 세상 밝은 지혜 묘한 심령 빛이 나며
좋은 나라 태어나서 큰 스승을 항상 만나
철석같은 바른 신심 청정 승가 함께 할 때

귀와 눈이 총명하고 말과 뜻이 진실하여
세상일에 물 안 들고 깨끗한 삶 살아가니
서리같이 엄한 계율 털끝인들 범하리까
태산같이 높은 위의 천상천하 거울 되어
이 내 목숨 안 아끼고 모든 생명 구하오리.

온갖 재난 피해 가고 불법 인연 다 갖추어
반야 지혜 드러나고 큰 깨달음 견고하니
바른 법을 잘 닦아서 큰 진리를 깨달은 뒤
육바라밀 실천하여 그 자리서 성불하리.

곳곳마다 법을 설해 천 겹 만 겹 의심 끊고
마구니들 항복 받아 삼보 공덕 이어가며
부처님을 섬기는 일 잠깐인들 쉬오리까.

온갖 법문 다 배워서 모든 공부 통달하니
복과 지혜 함께 늘어 뭇 삶 모두 제도하며
여섯 가지 신통 얻어 연꽃 부처 이루리라.

그런 뒤에 모든 삶이 부처님 법 품 안이니
관음보살 대자비로 온갖 중생 보살피고
보현보살 행원으로 뭇 삶 모두 제도하리.

지옥 아귀 집을 삼고 그들 모두 도반 삼아
중생 따라 몸 나투니 묘한 법문 끝이 없네.

무서워라 저 지옥과 가련하온 아귀들에
오색 광명 비추어서 천변만화 신통 내니
그 모습을 보는 이나 그 이름을 듣는 이는
빠짐없이 깨달아서 윤회 고통 벗어나리.

끓는 물과 얼음 바다 향기로운 숲이 되고
구리물과 무쇳물이 연꽃으로 변하여서
고통받던 저 중생들 극락세계 왕생하며
나는 새와 기는 짐승 원수 맺고 빚진 이들
갖은 고통 벗어나서 좋은 복락 누릴지라.

모진 질병 돌 적에는 약풀 되어 치료하고
흉년 드는 세상에는 쌀이 되어 구제하니
중생에게 이익된 일 한 가진들 빼오리까.

천 겁 만 겁 내려오던 원수거나 친한 이나
이 세상의 권속들도 어느 누구 할 것 없이
육도 윤회 벗어나서 얽히었던 애정 끊고
시방세계 모든 중생 어서 함께 성불하리.

가없는 저 허공도 가는 끝이 있을망정
크나큰 나의 원력 그칠 날이 없으리니
꿈틀 벌레 솟은 바위 함께 성불 하옵소서.
나무 석가모니불
나무 석가모니불, 나무 시아본사 석가모니불.

【일승 발원문】

稽首歸依 恒沙佛　한량없는 부처님께 머리 숙여 귀의하고
계수귀의 항사불

頂禮圓滿 契經海　많고 많은 부처님 법 가르침에 절 올리며
정례원만 계경해

歸依一切 諸賢聖　온갖 성현 모여 사는 청정 승가 귀의하니
귀의일체 제현성

願賜慈光 爲證明　자비 광명 비추시어 증명하여 주옵소서.
원사자광 위증명

無始已來 至今身　시작 없는 옛날부터 이내 몸에 이르도록
무시이래 지금신

由貪嗔痴 動三業　탐욕 성냄 어리석음 온갖 업을 일으키니
유탐진치 동삼업

知不知作 及自作　알고 짓고 몰라 짓고 제가 지은 모든 업을
지부지작 급자작

教他人作 見聞隨　남들에게 보고 듣고 따라 짓게 했나이다.
교타인작 견문수

所造惡業 五無間　지어 왔던 온갖 악업 무간지옥 들어갈 죄
소조악업 오무간

八萬四千 恒沙罪　팔만 사천 갠지스강 모래처럼 많은 죄업
팔만사천 항사죄

於三寶前 盡懺悔　삼보 전에 빠짐없이 두루 참회하옵나니
어삼보전 진참회

願令除滅 諸業障　바라건대 모든 업장 소멸시켜 주옵소서.
원령제멸 제업장

願我臨終 無苦難　원하오니 죽을 때에 온갖 고통 사라지고
원아임종 무고난

面見彌陀 生極樂　아미타불 친견하여 극락세계 왕생하며
면견미타 생극락

成就普賢　廣大行
성취보현　광대행
盡未來際　度衆生
진미래제　도중생

보현보살 보살행을 남김없이 성취하여
오는 세상 다하도록 중생제도 하오리다.

普願法界　諸衆生
보원법계　제중생
永除煩惱　所持障
영제번뇌　소지장
勤修十佛　普賢境
근수십불　보현경
衆生界盡　摠成佛
중생계진　총성불

두루두루 원하오니 법계 중생 빠짐없이
번뇌에서 오는 장애 영원토록 사라지고
부처님의 보현 경계 부지런히 닦고 닦아
중생계가 없어져서 모두 성불하옵소서.

惟願世世　生生處
유원세세　생생처
不墮三途　八難中
불타삼도　팔난중
願同善財　發大心
원동선재　발대심
願比文殊　甚深智
원비문수　심심지

원하는 것 오직 하나 세세생생 어디 가도
삼악도와 온갖 재난 만나는 일 절대 없어
선재동자 다름없는 구도심을 낼 것이며
문수보살 버금가는 깊은 지혜 가지리다.

願得觀音　大慈悲
원득관음　대자비
願修普賢　廣大行
원수보현　광대행
願證舍那　大覺果
원증사나　대각과
願度法界　諸衆生
원도법계　제중생

관음보살 대자대비 얻게 되길 원하옵고
보현보살 크고 넓은 보살행을 닦아가며
노사나불 큰 깨달음 어서 빨리 증명하여
법계 중생 빠짐없이 제도하길 원합니다.

惟願世世 生生處
유원세세 생생처

三種世間 爲三業
삼종세간 위삼업

化作無量 供養具
화작무량 공양구

充滿十方 諸世界
충만시방 제세계

원하는 것 다만 하나 세세생생 어딜 가도
부처님과 중생들을 위하는 일 함께하며
이 내 몸이 한량없는 공양물로 변신해서
시방세계 빠짐없이 가득가득 채우리라.

頂禮供養 諸三寶
정례공양 제삼보

及施六道 一切類
급시육도 일체류

如一念 塵作佛事
여일념 진작불사

一切念 塵亦如是
일체념 진역여시

시방세계 삼보님께 지극정성 절 올리고
고루고루 육도 중생 모두에게 공양하니
한 생각에 티끌처럼 많은 불사 이루듯이
생각마다 티끌처럼 많은 불사 이루리라.

諸惡一斷 一切斷
제악일단 일체단

諸善一成 一切成
제선일성 일체성

值遇塵數 善知識
치우진수 선지식

聽受法門 無厭足
청수법문 무염족

단 한 번에 모든 악을 남김없이 끊어내고
한순간에 온갖 선을 빠짐없이 이루면서
티끌처럼 많고 많은 선지식을 만나 뵙고
법문 청해 듣는 일을 끊임없이 기뻐하리

如善知識	發大心
여선지식	발대심
我及衆生	無不發
아급중생	무불발
如善知識	修大行
여선지식	수대행
我及衆生	無不修
아급중생	무불수

선지식이 도를 닦을 마음 내는 것과 같이
나와 중생 모두 함께 도를 닦을 마음 내고
선지식이 보살행을 닦아가는 모습처럼
나와 중생 모두 함께 보살행을 닦아가리.

具足廣大	普賢行
구족광대	보현행
往生華藏	蓮華界
왕생화장	연화계
親見	毘盧遮那佛
친견	비로자나불
自他一時	成佛道
자타일시	성불도

크고 넓은 보현행을 빠짐없이 다 갖추며
빛과 생명 꽃의 장엄 연꽃 세계 왕생하여
비로자나 부처님을 몸소 만나 찾아뵙고
우리 모두 한날한시 성불하길 원합니다.[1]

---

1. 이 일승 발원문은 의상 스님의 발원문으로 '일승'은 부처님 마음자리이니, 부처님 마음자리에서 원력을
   세우는 것이다.

백화도량 발원문

稽首歸依 觀彼本師
계수귀의 관피본사

觀音大聖 大圓鏡智
관음대성 대원경지

亦觀弟子 性靜本覺
역관제자 성정본각

所有本師 水月莊嚴
소유본사 수월장엄

無盡相好
무진상호

亦有弟子 空化身相
역유제자 공화신상

지극정성 귀의하며 본디 스승 살펴보니
관음대성 그 성품은 거울처럼 밝은 지혜
제자 성품 본래 고요 그 마음을 살펴보니
본디 스승 그조차도 물속에 뜬 밝은 달빛
그 지혜로 드러나는 온갖 좋은 모습들과
그 가운데 제자들도 실체 없는 허깨비라.

有漏形骸 依正淨穢
유루형해 의정정예

苦樂不同
고락부동

번뇌 있어 분별하니 더럽구나 깨끗하다
괴로움과 즐거움 및 온갖 차별 생겨나네.

我今以此 觀音鏡中
아금이차 관음경중

弟子之身 歸命頂禮
제자지신 귀명정례

弟子鏡中 觀音大聖
제자경중 관음대성

發誠願語 冀蒙加被
발성원어 기몽가피

제가 지금 관음보살 거울처럼 밝은 지혜
그 안에서 제자의 몸 지극정성 귀의하니
저희들의 밝은 성품 그대로가 관음대성
원력으로 진실한 말 가피 내려 주옵소서.

* 백화도량은 관세음보살의 도량을 말한다. 의상 스님이 관세음보살을 친견하기 위하여 동해의 낙산洛山으로 가서 7일 동안 기도한 끝에 관세음보살로부터 수기를 받고 671년에 낙산사를 창건하였는데, 이 발원문은 관세음보살을 친견하기 위해 기도할 때 쓴 발원문이다.

同是一體 동시일체	淸淨皎潔 청정교결	다 똑같은 하나의 몸 맑고 맑아 깨끗함에
周遍十方 주변시방	廓然空寂 확연공적	시방세계 두루 하니 분명하게 텅 빈 고요
無生佛相 무생불상	無能所名 무능소명	중생 부처 구별 없어 주와 객이 사라지니
旣然皎潔 기연교결	鑑照無虧 감조무휴	이미 맑고 깨끗함에 오롯하게 빛나는 것

萬像森羅 만상삼라	於中頓現 어중돈현	삼라만상 그 가운데 한순간에 드러나니
然皆不離 연개불리	一大圓鏡 일대원경	거울처럼 밝은 마음 이 모든 게 들어있네.

惟願弟子 유원제자	生生世世 생생세세	오직 하나 제자 원력 세세생생 어디서나
稱觀世音 칭관세음	以爲本師 이위본사	명호 불러 관음보살 스승으로 모시면서
如彼菩薩 여피보살	頂戴彌陀 정대미타	관음대성 정수리에 아미타불 모시듯이
我亦頂戴 아역정대	觀音大聖 관음대성	저도 또한 정수리에 관음대성 모시리라.

十願六向 십원육향	千手千眼 천수천안	온갖 원력 허공 가득 천개의 손 천개의 눈
大慈大悲 대자대비	悉皆同等 실개동등	관음보살 대자대비 그 누구도 차별 없어
捨身受身 사신수신	此界他方 차계타방	이 세상의 몸 버리고 저 세상에 태어나도
隨所住處 수소주처	如影隨形 여영수형	그림자가 따르듯이 항상 함께 머무르네.

恒聞說法 助揭眞化
항문설법 조계진화

普令法界 一切衆生
보령법계 일체중생

誦大悲呪 念菩薩名
송대비주 염보살명

同入圓通 三昧性海
동입원통 삼매성해

그 설법을 항상 듣고 중생교화 도움주어
법계 중생 빠짐없이 고난에서 벗어나니
대비주를 외우면서 보살명호 늘 챙김에
모두 함께 부처님의 마음자리 들어가네.

又願弟子 此報盡時
우원제자 차보진시

親承大聖 放光接引
친승대성 방광접인

離諸怖畏 身心適悅
이제포외 신심적열

一刹那間 卽得往生
일찰나간 즉득왕생

또 원하니 제자들이 이 세상을 떠날 때에
관음대성 빛을 놓아 저희들을 맞이함에
온갖 공포 벗어나서 몸과 마음 편안하니
그 자리서 극락세계 왕생시켜 주옵소서.

白華道場 與諸菩薩
백화도량 여제보살

同聞正法 入法流水
동문정법 입법유수

念念增明 現發如來
염염증명 현발여래

大無生忍 發願已了
대무생인 발원이료

하얀 연꽃 관음도량 모든 보살 함께하여
바른 법문 듣고 나서 그 법으로 흘러드니
생각마다 밝아짐에 여래 모습 드러나며
생멸 없는 지혜에서 모든 원력 마쳤기에

歸命頂禮
귀명정례

觀自在菩薩摩訶薩
관자재보살마하살

몸과 마음 다 바쳐서 관-자재 보살님께
저희들이 지극정성 절을 하며 귀의하옵니다.

〖 반야심경 〗

마하반야 바라밀다 행복으로 가는 지혜

觀自在菩薩
관자재보살

모든 중생 보살피는 관-자재 보살님이

行深般若波羅蜜多時
행심반야바라밀다시

부처님의 세상으로 가는 지혜 빛이 날 때

照見五蘊皆空
조견오온개공

실체 없는 몸과 마음 집착 없어 텅 빈 충만

度一切苦厄
도일체고액

그 자리서 중생 살이 온갖 고통 사라지네.

舍利子 色
사리자 색

사리자여, 인연 모여 생겨나는 모든 색은

不異空
불이공

그 실체가 없으므로 '공'과 다를 것이 없고

空
공

텅 빈 '공'에 인연 모여 드러나는 '색'이므로

不異色
불이색

이 '공' 또한 그대로가 모든 '색'과 다름없네.

色卽是空 空卽是色
색즉시공 공즉시색

색 그대로 공이면서 공 그대로 색이어라

受想行識 亦復如是
수상행식 역부여시

수상행식 온갖 마음 또한 이와 같느니라.

舍利子 是諸法空相
사리자 시제법공상

사리자여, 이와 같은 모든 법의 텅 빈 모습

不生不滅
불생불멸

이 '공' 자체 생기거나 없어질 것 아니므로

不垢不淨
불구부정

不增不減
부증불감

더럽구나 깨끗하다 집착할 것 아니면서
는다거나 준다거나 그런 것도 아니더라.

是故 空中無色
시고 공중무색

無受想行識
무수상행식

이 때문에 텅 빈 공에 어떤 색도 있지 않고
이 모습을 분별하는 마음조차 전혀 없다.

無眼耳鼻舌身意
무안이비설신의

無色聲香味觸法
무색성향미촉법

無眼界乃至無意識界
무안계내지무의식계

몸 없어서 눈 귀 코 혀 살도 뜻도 없어지고
색 맛 소리 냄새 느낌 분별되는 법도 없어
육근 육경 없으므로 알음알이 영역 없네.

無無明
무무명

亦無無明盡
역무무명진

알음알이 만들어 낸 무명 또한 없어지니
없는 '무명' 없앤다고 헛된 노력할 것 없고

乃至 無老死
내지 무노사

亦無老死盡
역무노사진

무명으로 생겨나던 늙고 죽음 또한 없어
늙고 죽음 없앤다고 집착할 일 아니더라.

無苦集滅道
무고집멸도

無智
무지

亦無得
역무득

以無所得故
이무소득고

늘고 죽음 없기 때문 생사 떠날 진리 없고
고집멸도 없으므로 알아야 할 지혜 없어
지혜 자체 없으므로 얻을 것도 없으리니
얻을 것도 없는 것은 깨칠 것이 없기 때문.

菩提薩埵
보리살타

依般若波羅蜜多故
의 반야바라밀다고

心無罣碍 無罣碍故
심무가애 무가애고

無有恐怖
무유공포

遠離顚倒夢想
원리전도몽상

究竟涅槃
구경열반

깨달음을 추구하고 중생제도 하는 보살
부처님의 세상으로 가는 빛에 의지하여
마음속에 걸림 없고 걸림 없이 살아감에
세상에서 꺼리거나 두려울 일 없으리니
허망하온 꿈과 같은 망념들을 멀리 떠나
마침내는 영원토록 행복한 삶 이루리라.

三世諸佛依般若波羅蜜多故
삼세제불의반야바라밀다고

得阿耨多羅三藐三菩提
득아뇩다라삼먁삼보리

故知 般若波羅蜜多
고지 반야바라밀다

삼세 모든 부처님도 마하반야 의지하여
빠짐없이 한순간에 깨달음을 얻었으니
부처님의 세상으로 들어가는 주문이라
'마하반야 바라밀다' 확실하게 알지어다.

是大神呪
시대신주

是大明呪
시대명주

是無上呪
시무상주

是無等等呪
시무등등주

모든 소원 이루어 줄 신비로운 주문이고
세상 실체 남김없이 환히 밝힐 주문이며
무엇보다 최상 공덕 갖고 있는 주문이니
이 세상에 으뜸가는 신령스런 주문이라.

能除一切苦
능제일체고

眞實不虛
진실불허

중생들의 온갖 고통 없애주고 달래주는
진실 되고 헛됨 없는 부처님의 주문일세.

故說般若波羅蜜多呪
고설반야바라밀다주

卽說呪曰
즉설주왈

'마하반야 바라밀다' 그 주문을 일러주니
지극정성 읽고 외워 지녀야만 하느니라.

아제아제 바라아제 바라승아제 모지 사바하 (3번)

3

각 단 예불

▌신중단▐

我今 淸淨水
아금 청정수

變爲 甘露茶
변위 감로다

奉獻 神衆前
봉헌 신중전

저희들이 공양 올린 맑고 맑은 물 한 그릇
부처님의 가피 입어 감로다가 되었기에
불법 수호 신중님께 정성 다해 바치오니

願垂 哀納受
원수 애납수

願垂 哀納受
원수 애납수

願垂慈悲 哀納受
원수자비 애납수

자비로운 마음으로 애틋하게 받으소서.
자비로운 마음으로 애틋하게 받으소서.
자비로운 마음으로 애틋하게 받아 주옵소서.

至心 歸命禮
지심 귀명례

華嚴會上 欲色諸天衆
화엄회상 욕색제천중

화엄회상 불법 수호 욕계 색계 신중님께
몸과 마음 다 바쳐서 지극정성 절합니다.

至心 歸命禮
지심 귀명례

華嚴會上 八部四王衆
화엄회상 팔부사왕중

화엄회상 불법 수호 사천왕과 팔부신중
몸과 마음 다 바쳐서 지극정성 절합니다.

至心 歸命禮
지심 귀명례

華嚴會上 護法善神衆
화엄회상 호법선신중

화엄회상 불법 수호 선한 호법 신중님께
몸과 마음 다 바쳐서 지극정성 절합니다.

願諸天龍 八部衆
원제천룡 팔부중

爲我擁護 不離身
위아옹호 불리신

於諸難處 無諸難
어제난처 무제난

如是大願 能成就
여시대원 능성취

바라건대 불법 수호 하늘 용 등 팔부신중
저희 곁에 늘 머물러 보호하여 주시면서
어려움이 닥쳐와도 그 어려움 없애 주어
저희들이 큰 소원을 성취하게 하옵소서.

故我一心
고아일심

歸命頂禮
귀명정례

그리하여 제가 지금
몸과 마음 다 바쳐서 지극정성 절합니다.

【극락전】

我今 淸淨水
아금 청정수

저희들이 공양 올린 맑고 맑은 물 한 그릇

變爲 甘露茶
변위 감로다

부처님의 가피 입어 감로다가 되었기에

奉獻 彌陀前
봉헌 미타전

아미타불 부처님께 정성 다해 바치오니

願垂 哀納受
원수 애납수

자비로운 마음으로 애틋하게 받으소서.

願垂 哀納受
원수 애납수

자비로운 마음으로 애틋하게 받으소서.

願垂慈悲 哀納受
원수자비 애납수

자비로운 마음으로 애틋하게 받아 주옵소서.

至心 歸命禮
지심 귀명례

서방정토 극락도사 아미타불 부처님께

極樂導師 阿彌陀佛
극락도사 아미타불

몸과 마음 다 바쳐서 지극정성 절합니다.

至心 歸命禮
지심 귀명례

아미타불 좌측 보좌 관-세음 보살님께

左補處 觀世音菩薩
좌보처 관세음보살

몸과 마음 다 바쳐서 지극정성 절합니다.

至心 歸命禮
지심 귀명례

右補處 大勢至菩薩
우보처 대세지보살

아미타불 우측 보좌 대-세지 보살님께
몸과 마음 다 바쳐서 지극정성 절합니다.

無量光中 化佛多
무량광중 화불다

仰瞻皆是 阿彌陀
앙첨개시 아미타

應身各挺 黃金相
응신각정 황금상

寶髻都旋 碧玉螺
보계도선 벽옥라

한량없는 빛 속에서 셀 수 없는 부처님들
우러러 바라보니 모두가 다 아미타불
한 분 한 분 드러난 몸 황금빛의 모습이고
보배로운 상투 모두 푸른 옥이 감겼도다.

故我一心
고아일심

歸命頂禮
귀명정례

그리하여 제가 지금
몸과 마음 다 바쳐서 지극정성 절합니다.

▌관음전▐

我今 淸淨水
아금 청정수

變爲 甘露茶
변위 감로다

奉獻 觀音前
봉헌 관음전

저희들이 공양 올린 맑고 맑은 물 한 그릇
부처님의 가피 입어 감로다가 되었기에
관-세음 보살님께 정성 다해 바치오니

願垂 哀納受
원수 애납수

願垂 哀納受
원수 애납수

願垂慈悲 哀納受
원수자비 애납수

자비로운 마음으로 애틋하게 받으소서.
자비로운 마음으로 애틋하게 받으소서.
자비로운 마음으로 애틋하게 받아 주옵소서.

至心 歸命禮
지심 귀명례

普門示現 願力弘深
보문시현 원력홍심

大慈大悲 觀世音菩薩
대자대비 관세음보살

걸림 없이 나타나서 모든 중생 제도하는
크신 원력 대자대비 관-세음 보살님께
몸과 마음 다 바쳐서 지극정성 절합니다.

至心 歸命禮
지심 귀명례

尋聲救苦 應諸衆生
심성구고 응제중생

大慈大悲 觀世音菩薩
대자대비 관세음보살

고통 속의 신음소리 중생들을 찾아가서
제도하는 대자대비 관-세음 보살님께
몸과 마음 다 바쳐서 지극정성 절합니다.

至心 歸命禮
지심 귀명례

左補處 南巡童子
좌보처 남순동자

右補處 海上龍王
우보처 해상용왕

좌측 보좌 남순동자 우측 보좌 해상용왕
몸과 마음 다 바쳐서 지극정성 절합니다.

白衣觀音 無說說
백의관음 무설설

南巡童子 不聞聞
남순동자 불문문

瓶上綠楊 三際夏
병상녹양 삼제하

巖前翠竹 十方春
암전취죽 시방춘

백의관음 말이 없이 모든 법을 다 설하고
남순동자 들음 없이 온갖 법을 다 들으니
유리병에 초록 버들 사시사철 여름이요
바위 앞의 푸른 대숲 시방세계 봄날이네.

故我一心
고아일심

歸命頂禮
귀명정례

그리하여 제가 지금
몸과 마음 다 바쳐서 지극정성 절합니다.

지장전과 명부전

我今 淸淨水
아금 청정수

變爲 甘露茶
변위 감로다

奉獻 地藏前
봉헌 지장전

저희들이 공양 올린 맑고 맑은 물 한 그릇
부처님의 가피 입어 감로다가 되었기에
원력 지장보살님께 정성 다해 바치오니

願垂 哀納受
원수 애납수

願垂 哀納受
원수 애납수

願垂慈悲 哀納受
원수자비 애납수

자비로운 마음으로 애틋하게 받으소서.
자비로운 마음으로 애틋하게 받으소서.
자비로운 마음으로 애틋하게 받아 주옵소서.

至心 歸命禮 地藏願讚
지심 귀명례 지장원찬

二十三尊 諸位如來佛
이십삼존 제위여래불

지장원력 찬탄하신 이십삼존 부처님께
몸과 마음 다 바쳐서 지극정성 절합니다.

至心 歸命禮 幽冥教主
지심 귀명례 유명교주

地藏菩薩摩訶薩
지장보살마하살

지옥중생 보살피는 지장보살마하살께
몸과 마음 다 바쳐서 지극정성 절합니다.

至心 歸命禮 左右補處
지심 귀명례 좌우보처

道明尊者 無毒鬼王
도명존자 무독귀왕

좌측 보좌 도명존자 우측 보좌 무독귀왕
몸과 마음 다 바쳐서 지극정성 절합니다.

地藏大聖 威神力
지장대성 위신력

恒河沙劫 說難盡
항하사겁 설난진

見聞瞻禮 一念間
견문첨예 일념간

利益人天 無量事
이익인천 무량사

중생들의 성인이신 지장보살 위엄 신통
영원토록 말을 해도 다 할 수가 없으리니
지극정성 보고 듣고 절을 하는 한순간에
하늘 인간 셀 수 없이 많은 일에 이익 주네.

故我一心
고아일심

歸命頂禮
귀명정례

그리하여 제가 지금
몸과 마음 다 바쳐서 지극정성 절합니다.

약사전

我今 清淨水
아금 청정수

變爲 甘露茶
변위 감로다

奉獻 藥師前
봉헌 약사전

저희들이 공양 올린 맑고 맑은 물 한 그릇
부처님의 가피 입어 감로다가 되었기에
약사유리 여래불께 정성 다해 바치오니

願垂 哀納受
원수 애납수

願垂 哀納受
원수 애납수

願垂慈悲 哀納受
원수자비 애납수

자비로운 마음으로 애틋하게 받으소서.
자비로운 마음으로 애틋하게 받으소서.
자비로운 마음으로 애틋하게 받아 주옵소서.

至心 歸命禮
지심 귀명례

東方滿月世界 十二上願
동방만월세계 십이상원

藥師琉璃光 如來佛
약사유리광 여래불

동방세계 밝은 달빛 열두 가지 크신 원력
모든 중생 병을 고칠 약사유리 여래불께
몸과 마음 다 바쳐서 지극정성 절합니다.

至心 歸命禮 左補處
지심 귀명례 좌보처

日光遍照 消災菩薩
일광변조 소재보살

좌측 보좌 재앙 없앤 일광변조 소재보살
몸과 마음 다 바쳐서 지극정성 절합니다.

至心 歸命禮 右補處
지심 귀명례 우보처

月光遍照 息災菩薩
월광변조 식재보살

우측 보좌 재앙 없앤 월광변조 식재보살

몸과 마음 다 바쳐서 지극정성 절합니다.

十二大願 接群機
십이대원 접군기

一片悲心 無空缺
일편비심 무공결

열두 가지 원력으로 모든 중생 맞이하여

변함없는 대자대비 헛된 일이 전혀 없네.

凡夫顚倒 病根深
범부전도 병근심

不遇藥師 罪難滅
불우약사 죄난멸

범부들이 전도되어 병 뿌리가 깊으므로

약사 보살 못 만나면 죄 없애기 어렵구나.

故我一心
고아일심

歸命頂禮
귀명정례

그리하여 제가 지금

몸과 마음 다 바쳐서 지극정성 절합니다.

⟪미륵전과 용화전⟫

我今 清淨水
아금 청정수

變爲 甘露茶
변위 감로다

奉獻 彌勒前
봉헌 미륵전

저희들이 공양 올린 맑고 맑은 물 한 그릇
부처님의 가피 입어 감로다가 되었기에
오는 세상 미륵불께 정성 다해 바치오니

願垂 哀納受
원수 애납수

願垂 哀納受
원수 애납수

願垂慈悲 哀納受
원수자비 애납수

자비로운 마음으로 애틋하게 받으소서.
자비로운 마음으로 애틋하게 받으소서.
자비로운 마음으로 애틋하게 받아 주옵소서.

至心 歸命禮
지심 귀명례

現居兜率 當降龍華
현거도솔 당강용화

慈氏彌勒尊 如來佛
자씨미륵존 여래불

현재 계신 도솔천서 미래 세상 용화세계
내려오실 자비로운 미륵 여래 부처님께
몸과 마음 다 바쳐서 지극정성 절합니다.

至心 歸命禮
지심 귀명례

福緣增勝 壽量無窮
복연증승 수량무궁

慈氏彌勒尊 如來佛
자씨미륵존 여래불

복덕 늘고 수명 영원 미륵 여래 부처님께
몸과 마음 다 바쳐서 지극정성 절합니다.

至心 歸命禮
지심 귀명례

願力莊嚴 慈悲廣大
원력장엄 자비광대

慈氏彌勒尊 如來佛
자씨미륵존 여래불

원력 장엄 자비 광대 미륵 여래 부처님께
몸과 마음 다 바쳐서 지극정성 절합니다.

高居兜率 許躋攀
고거도솔 허제반

遠嗣龍華 遭遇難
원사용화 조우난

白玉毫輝 玄法界
백옥호휘 현법계

紫金儀相 化塵寰
자금의상 화진환

도솔천에 머무르며 더욱 높이 올라가서
용화세계 이어져도 만나 뵙기 어려운 분
하얀 터럭 빛이 나며 온 법계를 비추기에
자금색의 그 모습이 인간 세상 드러나네.

故我一心
고아일심

歸命頂禮
귀명정례

그리하여 제가 지금
몸과 마음 다 바쳐서 지극정성 절합니다.

영산전

我今 淸淨水
아금 청정수

저희들이 공양 올린 맑고 맑은 물 한 그릇

變爲 甘露茶
변위 감로다

부처님의 가피 입어 감로다가 되었기에

奉獻 靈山前
봉헌 영산전

영산회상 대중들께 정성 다해 바치오니

願垂 哀納受
원수 애납수

자비로운 마음으로 애틋하게 받으소서.

願垂 哀納受
원수 애납수

자비로운 마음으로 애틋하게 받으소서.

願垂慈悲 哀納受
원수자비 애납수

자비로운 마음으로 애틋하게 받아 주옵소서.

至心 歸命禮 靈山敎主
지심 귀명례 영산교주

영산교주 우리 스승 석가모니 부처님께

是我本師 釋迦牟尼佛
시아본사 석가모니불

몸과 마음 다 바쳐서 지극정성 절합니다.

至心 歸命禮
지심 귀명례

좌측 보좌 관음보살 우측 보좌 지장보살

左右補處 兩大菩薩
좌우보처 양대보살

몸과 마음 다 바쳐서 지극정성 절합니다.

至心 歸命禮 十六大阿羅漢
지심 귀명례 십육대아라한

監齋直符 諸位使者等衆
감재직부 제위사자등중

열여섯의 대아라한 선악 감찰 사자님께
몸과 마음 다 바쳐서 지극정성 절합니다.

青蓮座上 月如生
청련좌상 월여생

三千界主 釋迦尊
삼천계주 석가존

紫紺宮中 星若列
자감궁중 성약렬

十六大阿羅漢衆
십육대아라한중

푸른 연꽃 좌대 위에 둥근 달이 떠오르듯
삼천세계 주인이신 석가세존 모습 보니
하늘 궁전 한가운데 반짝이는 별들처럼
열여섯의 대아라한 부처님 곁 함께 있네.

故我一心
고아일심

歸命頂禮
귀명정례

그리하여 제가 지금
몸과 마음 다 바쳐서 지극정성 절합니다.[1]

---

1. 나한전, 응진전도 동일하게 독송하며 예를 올린다.

❰독성각❱

我今 淸淨水
아금 청정수

저희들이 공양 올린 맑고 맑은 물 한 그릇

變爲 甘露茶
변위 감로다

부처님의 가피 입어 감로다가 되었기에

奉獻 獨聖前
봉헌 독성전

천태 나반존자님께 정성 다해 바치오니

願垂 哀納受
원수 애납수

자비로운 마음으로 애틋하게 받으소서.

願垂 哀納受
원수 애납수

자비로운 마음으로 애틋하게 받으소서.

願垂慈悲 哀納受
원수자비 애납수

자비로운 마음으로 애틋하게 받아 주옵소서.

至心 歸命禮 天台山上
지심 귀명례 천태산상

천태산에 홀로 계신 선정 속의 나반존자

獨修 禪定 那畔尊者
독수 선정 나반존자

몸과 마음 다 바쳐서 지극정성 절합니다.

至心 歸命禮 天上人間
지심 귀명례 천상인간

천상 인간 공양 받을 복전이신 나반존자

應供 福田 那畔尊者
응공 복전 나반존자

몸과 마음 다 바쳐서 지극정성 절합니다.

至心 歸命禮 不入涅槃
지심 귀명례 불입열반
待竢 龍華 那畔尊者
대사 용화 나반존자

열반 않고 용화세계 기다리는 나반존자
몸과 마음 다 바쳐서 지극정성 절합니다.

那畔神通 世所稀
나반신통 세소희
行藏現化 任施爲
행장현화 임시위
松巖隱迹 經千劫
송암은적 경천겁
生界潛形 入四維
생계잠형 입사유

나반존자 신통력은 세간에서 드문 일들
숨기는 듯 드러낸 듯 마음대로 펼치는 것
푸른 솔숲 바위틈에 자취 없는 오랜 세월
중생계에 모습 없이 사방팔방 두루 하네.

故我一心
고아일심
歸命頂禮
귀명정례

그리하여 제가 지금
몸과 마음 다 바쳐서 지극정성 절합니다.

◖칠성각◗

我今　清淨水
아금　청정수

저희들이 공양 올린 맑고 맑은 물 한 그릇

變爲　甘露茶
변위　감로다

부처님의 가피 입어 감로다가 되었기에

奉獻　七星前
봉헌　칠성전

칠성님께 지극정성 마음 다해 바치오니

願垂　哀納受
원수　애납수

자비로운 마음으로 애틋하게 받으소서.

願垂　哀納受
원수　애납수

자비로운 마음으로 애틋하게 받으소서.

願垂慈悲　哀納受
원수자비　애납수

자비로운 마음으로 애틋하게 받아 주옵소서.

至心　歸命禮
지심　귀명례

황금 바퀴 보배세계 찬란한 빛 부처님께

金輪寶界　熾盛光如來佛
금륜보계　치성광여래불

몸과 마음 다 바쳐서 지극정성 절합니다.

至心　歸命禮　左右補處
지심　귀명례　좌우보처

햇빛 품은 일광보살 달빛 품은 월광보살

日光　月光　兩大菩薩
일광　월광　양대보살

몸과 마음 다 바쳐서 지극정성 절합니다.

至心 歸命禮
지심 귀명례

北斗大星 七元星君
북두대성 칠원성군

周天列曜 諸聖君衆
주천열요 제성군중

수명장수 북두칠성 성스러운 온갖 별들
몸과 마음 다 바쳐서 지극정성 절합니다.

紫微大帝 統星君
자미대제 통성군

十二宮中 太乙神
십이궁중 태을신

七政齊臨 爲聖主
칠정제림 위성주

三台共照 作賢臣
삼태공조 작현신

모든 별빛 가운데서 가장 빛난 자미대제
태을신은 별들 궁전 십이궁서 제일 높고
사람 위해 성군 되는 가지런한 북두칠성
삼태[1] 별빛 여섯 개 별 어진 신하 역할일세.

故我一心
고아일심

歸命頂禮
귀명정례

그리하여 제가 지금
몸과 마음 다 바쳐서 지극정성 절합니다.

---

1. 삼태三台는 자미성紫微星을 지킨다고 하는 세 종류의 별이다. 곧 상태성上台星·중태성中台星·하태성下台星
인데 각각 두 개의 별로 되어 있기에 모두 합쳐 여섯 개의 별이 된다.

◀산신각▶

我今 淸淨水
아금 청정수

저희들이 공양 올린 맑고 맑은 물 한 그릇

變爲 甘露茶
변위 감로다

부처님의 가피 입어 감로다가 되었기에

奉獻 山神前
봉헌 산신전

산신령께 지극정성 마음 다해 바치오니

願垂 哀納受
원수 애납수

자비로운 마음으로 애틋하게 받으소서.

願垂 哀納受
원수 애납수

자비로운 마음으로 애틋하게 받으소서.

願垂慈悲 哀納受
원수자비 애납수

자비로운 마음으로 애틋하게 받아 주옵소서.

至心 歸命禮 萬德高勝
지심 귀명례 만덕고승

온갖 복덕 뛰어나신 여유로운 산신령께

性皆 閑寂 山王大神
성개 한적 산왕대신

몸과 마음 다 바쳐서 지극정성 절합니다.

至心 歸命禮 此山局內
지심 귀명례 차산국내

이 산중의 성인이며 항상 계신 산신령께

恒住 大聖 山王大神
항주 대성 산왕대신

몸과 마음 다 바쳐서 지극정성 절합니다.

至心 歸命禮 十方法界
지심 귀명례 시방법계
至靈 至聖 山王大神
지령 지성 산왕대신

시방법계 신령스런 성현이신 산신령께
몸과 마음 다 바쳐서 지극정성 절합니다.

靈山昔日 如來囑
영산석일 여래촉
威振江山 度衆生
위진강산 도중생
萬里白雲 靑嶂裡
만리백운 청장리
雲車鶴駕 任閑情
운거학가 임한정

영산회상 법회에서 여래 부촉 받고 나서
강과 산을 넘나들며 중생들을 제도하니
높고 높은 봉우리에 하얀 구름 걸쳐 있어
학과 구름 타고 가며 한가롭게 지낸다네.

故我一心
고아일심

歸命頂禮
귀명정례

그리하여 제가 지금
몸과 마음 다 바쳐서 지극정성 절합니다.

【조왕단】

我今 淸淨水
아금 청정수

變爲 甘露茶
변위 감로다

奉獻 竈王前
봉헌 조왕전

저희들이 공양 올린 맑고 맑은 물 한 그릇
부처님의 가피 입어 감로다가 되었기에
조왕님께 지극정성 마음 다해 바치오니

願垂 哀納受
원수 애납수

願垂 哀納受
원수 애납수

願垂慈悲 哀納受
원수자비 애납수

자비로운 마음으로 애틋하게 받으소서.
자비로운 마음으로 애틋하게 받으소서.
자비로운 마음으로 애틋하게 받아 주옵소서.

至心 歸命禮
지심 귀명례

八萬四千 竈王大神
팔만사천 조왕대신

이 세상의 부엌마다 팔만사천 조왕대신
몸과 마음 다 바쳐서 지극정성 절합니다.

至心 歸命禮
지심 귀명례

左補處 擔柴力士
좌보처 담시역사

조왕대신 좌측에서 땔감 나른 담시역사
몸과 마음 다 바쳐서 지극정성 절합니다.

至心 歸命禮
지심 귀명례

右補處 造食炊母
우보처 조식취모

조왕대신 우측에서 음식 만든 조식취모
몸과 마음 다 바쳐서 지극정성 절합니다.

香積廚中 常出納
향적주중 상출납

護持佛法 亦摧魔
호지불법 역최마

人間有願 來誠祝
인간유원 내성축

除病消災 降福多
제병소재 강복다

부엌에서 오고 가는 음식 재료 살피면서
부처님 법 지켜가며 마군 장난 물리치고
사람들이 소원 있어 지극정성 기도하면
병과 재앙 없애 주고 복을 주는 조왕대신

故我一心
고아일심

歸命頂禮
귀명정례

그리하여 제가 지금
몸과 마음 다 바쳐서 지극정성 절합니다.

4

각 단 정근

【석가모니불 정근】

南無 靈山 不滅 鶴樹雙存 是我本師 釋迦牟尼佛
나무 영산 불멸 학수쌍존 시아본사 석가모니불……

天上天下 無如佛
천상천하 무여불

十方世界 亦無比
시방세계 역무비

世間所有 我盡見
세간소유 아진견

一切無有 如佛者
일체무유 여불자

하늘 위나 하늘 아래 부처님이 으뜸이니
시방세계 둘러봐도 이 같은 분 전혀 없고
이 세상의 모든 성현 내가 모두 보았지만
부처님과 같은 분은 찾을 수가 없었다네.

故我一心
고아일심

歸命頂禮
귀명정례

그리하여 제가 지금
몸과 마음 다 바쳐서 지극정성 절합니다.

(참회 게偈)[1]

願滅 四生六道 法界有情
원멸 사생육도 법계유정

多劫生來 諸業障
다겁생래 제업장

我今懺悔 稽首禮
아금참회 계수례

원하건대 온갖 모습 중생으로서
오랜 세월 지어 왔던 모든 업장을
머리 숙여 제가 이제 참회합니다.

願諸罪障 悉消除
원제죄장 실소제

世世常行 菩薩道
세세상행 보살도

이 참회로 온갖 죄가 다 없어져서
세세생생 보살도를 실천하리라.

(참회 게를 3번 되풀이할 때마다 큰절을 한다.)

(회향 게偈)[2]

願以此功德 普及於一切
원이차공덕 보급어일체

我等與衆生 當生極樂國
아등여중생 당생극락국

同見無量壽 皆共成佛道
동견무량수 개공성불도

원하오니 이 공덕이 모든 곳에 널리 퍼져
저와 같은 모든 중생 극락세계 태어나서
아미타불 만나 뵙고 모두 함께 성불하리.

---

1. 참회하는 게송은 다 함께 독송하되 때에 따라 생략할 수 있다.
2. 회향하는 게송은 다 함께 독송하되 때에 따라 생략할 수 있다.

◀관세음보살 정근▶

南無 普門示現 願力弘深
나무 보문시현 원력홍심

大慈大悲 救苦救難 觀世音菩薩
대자대비 구고구난 관세음보살⋯⋯

° 관세음보살 멸滅 업장 진언[1]

옴 아로늑게 사바하 (3번)

具足神通力 廣修智方便   신통한 힘 다 갖추고 지혜방편 널리 닦아
구족신통력 광수지방편
十方諸國土 無刹不現身   시방세계 빠짐없이 나타나는 관음보살
시방제국토 무찰불현신

故我一心   그리하여 제가 지금
고아일심

歸命頂禮   몸과 마음 다 바쳐서 지극정성 절합니다.
귀명정례

---

1. 관세음보살의 위엄과 신통력으로 업장을 없애는 진언이다.

(참회 게偈)[1]

願滅 四生六道 法界有情
원멸 사생육도 법계유정

多劫生來 諸業障
다겁생래 제업장

我今懺悔 稽首禮
아금참회 계수례

원하건대 온갖 모습 중생으로서
오랜 세월 지어 왔던 모든 업장을
머리 숙여 제가 이제 참회합니다.

願諸罪障 悉消除
원제죄장 실소제

世世常行 菩薩道
세세상행 보살도

이 참회로 온갖 죄가 다 없어져서
세세생생 보살도를 실천하리라.

(참회 게를 3번 되풀이할 때마다 큰절을 한다.)

(회향 게偈)[2]

願以此功德 普及於一切
원이차공덕 보급어일체

我等與衆生 當生極樂國
아등여중생 당생극락국

同見無量壽 皆共成佛道
동견무량수 개공성불도

원하오니 이 공덕이 모든 곳에 널리 퍼져
저와 같은 모든 중생 극락세계 태어나서
아미타불 만나 뵙고 모두 함께 성불하리.

---

1. 참회하는 게송은 다 함께 독송하되 때에 따라 생략할 수 있다.
2. 회향하는 게송은 다 함께 독송하되 때에 따라 생략할 수 있다.

〖 지장보살 정근 〗

南無　衆生度盡　方證菩提　地獄未濟　誓不成佛
나무 중생도진 방증보리 지옥미제 서불성불

南方化主　大願本尊　地藏菩薩
남방화주 대원본존 **지장보살**[1] ‥‥‥

　　　◦ 지장보살 멸滅 정업定業 진언[2]

　　　옴 바라 마니다니 사바하 (3번)

地藏大聖　威神力　　중생들의 성인이신 지장보살 위엄 신통
지장대성　위신력

恒河沙劫　說難盡　　영원토록 말을 해도 다 할 수가 없으리니
항하사겁　설난진

見聞瞻禮　一念間　　지극정성 보고 듣고 절을 하는 한순간에
견문첨례　일념간

利益人天　無量事　　하늘 인간 셀 수 없이 많은 중생 이익 주네.
이익인천　무량사

故我一心　　　　　　그리하여 제가 지금
고아일심

歸命頂禮　　　　　　몸과 마음 다 바쳐서 지극정성 절합니다.
귀명정례

---

1. 중생이 다 제도 되어야 깨달음을 증득하고 지옥 중생이 다 없어져야 성불하겠다고 원력을 세우신 남방화주 대원본존 지장보살님께 귀의하옵니다.
2. 지장보살의 위엄과 신통력으로 지어 놓은 업장을 없애는 진언이다.

(참회 게偈)[1]

願滅 四生六道 法界有情
원멸 사생육도 법계유정

원하건대 온갖 모습 중생으로서

多劫生來 諸業障
다겁생래 제업장

오랜 세월 지어 왔던 모든 업장을

我今懺悔 稽首禮
아금참회 계수례

머리 숙여 제가 이제 참회합니다.

願諸罪障 悉消除
원제죄장 실소제

이 참회로 온갖 죄가 다 없어져서

世世常行 菩薩道
세세상행 보살도

세세생생 보살도를 실천하리라.

(참회 게를 3번 되풀이할 때마다 큰절을 한다.)

(회향 게偈)[2]

願以此功德 普及於一切
원이차공덕 보급어일체

원하오니 이 공덕이 모든 곳에 널리 퍼져

我等與衆生 當生極樂國
아등여중생 당생극락국

저와 같은 모든 중생 극락세계 태어나서

同見無量壽 皆共成佛道
동견무량수 개공성불도

아미타불 만나 뵙고 모두 함께 성불하리.

---

1. 참회하는 게송은 다 함께 독송하되 때에 따라 생략할 수 있다.
2. 회향하는 게송은 다 함께 독송하되 때에 따라 생략할 수 있다.

【아미타불 정근】

南無　西方淨土　極樂世界　南無阿彌陀佛
나무 서방정토 극락세계 **나무아미타불**……

◦ 아미타불 본심 미묘 진언[1]

　다냐타 옴 아리다라 사바하 (3번)

稽首西方 계수서방	安樂刹 안락찰	머리 숙여 서방정토 절을 올리며
接引衆生 접인중생	大導師 대도사	중생들을 맞이하는 아미타불께
我今發願 아금발원	願往生 원왕생	제가 지금 왕생극락 발원하오니
唯願慈悲 유원자비	哀攝受 애섭수	대자비로 애틋하게 거두옵소서.

故我一心 고아일심	그리하여 제가 지금
歸命頂禮 귀명정례	몸과 마음 다 바쳐서 지극정성 절합니다.

---

1. 아미타불의 본디 마음자리에서 나오는 진언이다.

(참회 게게)[1]

願滅 四生六道 法界有情
원멸 사생육도 법계유정

多劫生來 諸業障
다겁생래 제업장

我今懺悔 稽首禮
아금참회 계수례

원하건대 온갖 모습 중생으로서
오랜 세월 지어 왔던 모든 업장을
머리 숙여 제가 이제 참회합니다.

願諸罪障 悉消除
원제죄장 실소제

世世常行 菩薩道
세세상행 보살도

이 참회로 온갖 죄가 다 없어져서
세세생생 보살도를 실천하리라.

(참회 게를 3번 되풀이할 때마다 큰절을 한다.)

(회향 게게)[2]

願以此功德 普及於一切
원이차공덕 보급어일체

我等與衆生 當生極樂國
아등여중생 당생극락국

同見無量壽 皆共成佛道
동견무량수 개공성불도

원하오니 이 공덕이 모든 곳에 널리 퍼져
저와 같은 모든 중생 극락세계 태어나서
아미타불 만나 뵙고 모두 함께 성불하리.

---

1. 참회하는 게송은 다 함께 독송하되 때에 따라 생략할 수 있다.
2. 회향하는 게송은 다 함께 독송하되 때에 따라 생략할 수 있다.

5

사시 불공

⟨천수경⟩

○ 보례普禮 진언[1]

我今 아금	一身中 일신중
即現 즉현	無盡身 무진신
遍在 변재	三寶前 삼보전
一一 일일	無數禮 무수례

제가 이제 갖고 있는 한 몸 가운데
끝이 없는 많은 몸을 드러내어서
시방세계 삼보님 전 앞에 나아가
한 분 한 분 빠짐없이 절을 합니다.

옴 바아라 믹 (3번)

○ 정淨 구업 진언[2]

수리수리 마하수리 수수리 사바하 (3번)

○ 오방내외五方內外 안위제신安慰諸神 진언[3]

나모 사만다 못다남
옴 도로도로 지미 사바하 (3번)

---

1. 시방세계 삼보님께 빠짐없이 절을 올리는 진언이다.
2. 입으로 지은 업을 정화하는 진언이다.
3. 위아래 사방팔방 주변의 모든 신을 편케 하는 진언이다.

개경開經 게게[1]

無上甚深 微妙法 무상심심 미묘법	수승하고 깊고 깊은 오묘하고 미묘한 법
百千萬劫 難遭遇 백천만겁 난조우	백천만겁 살더라도 만나 뵙기 어려우니
我今聞見 得受持 아금문견 득수지	제가 이제 듣고 보고 부처님 법 받아 지녀
願解如來 眞實意 원해여래 진실의	부처님의 진실한 뜻 깨닫기를 원합니다.

◦ 개開 법장 진언

옴 아라남 아라다 (3번)

천수천안 관자재보살 광대원만 무애대비심
대다라니 계청啓請

稽首觀音 大悲呪 계수관음 대비주	관음보살 대비주에 머리 숙여 절하오니
願力弘深 相好身 원력홍심 상호신	크고 깊은 원력이라 그 모습이 아름답고
千臂莊嚴 普護持 천비장엄 보호지	천 개의 팔 장엄하여 온갖 중생 거두시며
千眼光明 遍觀照 천안광명 변관조	천 개의 눈 광명으로 온 세상을 살피시네.

眞實語中 宣密語 진실어중 선밀어	참된 말씀 그 가운데 비밀한 뜻 펼치시어
無爲心內 起悲心 무위심내 기비심	텅 빈 마음 그 안에서 자비심이 넘쳐흘러
速令滿足 諸希求 속령만족 제희구	저희들의 온갖 소원 빠짐없이 이루옵고
永使滅除 諸罪業 영사멸제 제죄업	모든 죄업 남김없이 깨끗하게 하옵소서.

---

1. '개경 게'는 경전을 펼치는 게송이며, '개 법장 진언'은 법의 곳간을 여는 진언이다.

天龍衆聖 同慈護
천룡중성 동자호

百千三昧 頓勳修
백천삼매 돈훈수

受持身是 光明幢
수지신시 광명당

受持心是 神通藏
수지심시 신통장

하늘신 용 모든 성중 두루 함께 보살펴서
백천 가지 온갖 삼매 한꺼번에 깨치리니
법을 담은 이 내 몸이 큰 광명의 깃발 되고
법을 지닌 이 내 마음 신통력의 곳간 되리.

洗滌塵勞 願濟海
세척진로 원제해

超證菩提 方便門
초증보리 방편문

我今稱誦 誓歸依
아금칭송 서귀의

所願從心 悉圓滿
소원종심 실원만

세상 티끌 씻어내고 고통 바다 어서 건너
깨달음의 온갖 방편 한순간에 증득하니
제가 이제 칭송하며 관음보살 품에 안겨
원하는 일 마음대로 남김없이 이루리라.

南無 大悲觀世音
나무 대비관세음

願我 速知一切法
원아 속지일체법

자비하신 관세음께 지성 귀의 하옵나니
제가 어서 모든 법을 환히 알게 하옵소서.

南無 大悲觀世音
나무 대비관세음

願我 早得智慧眼
원아 조득지혜안

자비하신 관세음께 지성 귀의 하옵나니
제가 어서 지혜의 눈 빨리 얻게 하옵소서.

南無 大悲觀世音
나무 대비관세음

願我 速度一切衆
원아 속도일체중

자비하신 관세음께 지성 귀의 하옵나니
제가 어서 모든 중생 제도하게 하옵소서.

南無 大悲觀世音
나무 대비관세음

願我 早得善方便
원아 조득선방편

자비하신 관세음께 지성 귀의 하옵나니
제가 어서 좋은 방편 빨리 얻게 하옵소서.

南無 大悲觀世音
나무 대비관세음
願我 速乘般若船
원아 속승반야선

자비하신 관세음께 지성 귀의 하옵나니
제가 어서 반야용선 올라타게 하옵소서.

南無 大悲觀世音
나무 대비관세음
願我 无得越苦海
원아 조득월고해

자비하신 관세음께 지성 귀의 하옵나니
제가 어서 고통 바다 건너가게 하옵소서.

南無 大悲觀世音
나무 대비관세음
願我 速得戒定道
원아 속득계정도

자비하신 관세음께 지성 귀의 하옵나니
제가 어서 계율 선정 지혜 얻게 하옵소서.

南無 大悲觀世音
나무 대비관세음
願我 早得圓寂山
원아 조득원적산

자비하신 관세음께 지성 귀의 하옵나니
부처님의 마음자리 어서 들게 하옵소서.

南無 大悲觀世音
나무 대비관세음
願我 速會無爲舍
원아 속회무위사

자비하신 관세음께 지성 귀의 하옵나니
부처님이 사는 세상 빨리 알게 하옵소서.

南無 大悲觀世音
나무 대비관세음
願我 早同法性身
원아 조동법성신

자비하신 관세음께 지성 귀의 하옵나니
법의 성품 부처님이 빨리 되게 하옵소서.

我若 向刀山
아약 향도산
刀山 自摧折
도산 자최절

칼산지옥 내가 가면
칼산 절로 무너지고

我若 向火湯
아약 향화탕

火湯 自枯渴
화탕 자고갈

화탕지옥 내가 가면

끓는 물이 말라지며

我若 向地獄
아약 향지옥

地獄 自消滅
지옥 자소멸

지옥 향해 내가 가면

지옥 절로 없어지리.

我若 向餓鬼
아약 향아귀

餓鬼 自飽滿
아귀 자포만

아귀세계 내가 가면

아귀 절로 배부르고

我若 向修羅
아약 향수라

惡心 自調伏
악심 자조복

아수라들 내가 가면

거친 마음 착해지며

我若 向畜生
아약 향축생

自得 大智慧
자득 대지혜

짐승한테 내가 가면

지혜 절로 생기리라.

南無 觀世音菩薩摩詞薩
나무 관세음보살마하살

南無 大勢至菩薩摩詞薩
나무 대세지보살마하살

관-세음 보살님께 지극정성 귀의하리.

대-세지 보살님께 지극정성 귀의하리.

南無 千手菩薩摩詞薩
나무 천수보살마하살

南無 如意輪菩薩摩詞薩
나무 여의륜보살마하살

천 개의 손 보살님께 지극정성 귀의하리.

자재하신 보살님께 지극정성 귀의하리.

南無 大輪菩薩摩詞薩
나무 대륜보살마하살

큰 진리인 보살님께 지극정성 귀의하리.

南無 觀自在菩薩摩詞薩
나무 관자재보살마하살

관-자재 보살님께 지극정성 귀의하리.

南無 正趣菩薩摩詞薩
나무 정취보살마하살

올바른 삶 보살님께 지극정성 귀의하리.

南無 滿月菩薩摩詞薩
나무 만월보살마하살

둥근 달빛 보살님께 지극정성 귀의하리.

南無 水月菩薩摩詞薩
나무 수월보살마하살

물속 달빛 보살님께 지극정성 귀의하리.

南無 軍茶利菩薩摩詞薩[1]
나무 군다리보살마하살

감로수 샘 보살님께 지극정성 귀의하리.

南無 十一面菩薩摩詞薩
나무 십일면보살마하살

열한 얼굴 보살님께 지극정성 귀의하리.

南無 諸大菩薩摩詞薩
나무 제대보살마하살

시방세계 보살님께 지극정성 귀의하리.

南無 本師 阿彌陀佛
나무 본사 아미타불

나무 본사 아미타불 (3번)

---

1. 예로부터 '군다리(kuṇḍalī)'는 보배로운 병에서 감로수가 넘쳐흘러 중생의 번뇌를 지혜롭게 다 씻어낸다는 뜻을 갖고 있다. 군다리 보살은 얼굴에 세 개의 눈이 있고 여덟 개의 팔에 악마를 물리치는 무기를 갖고 있다.

신묘장구 대다라니

나모 라-다나 다라야야 나막알약 바로기제 새바라야 모지사다
바야 마하사다바야 마하가로 니가야 옴 살바 바예수 다라나
가라야 다사명 나막 까리다바 이맘알야 바로기제 새바라 다바
니라간타 나막하리나야 마발다 이사미 살발타 사다남 수반
아예염 살바보다남 바바마라 미수다감 다냐타 옴 아로계 아로가
마지로가 지가란제 혜혜하례 마하모지 사다바 사마라 사마라
하리나야 구로구로 갈마 사다야 사다야 도로도로 미연제 마하
미연제 다라다라 다린나례 새바라 자라자라 마라미마라 아마라
몰제 예혜혜 로계새바라 라아 미사미 나사야 나베사미사미
나사야 모하자라 미사미 나사야 <u>호로호로</u> 마라호로 하례 바나마
나바 사라사라 시리시리 소로소로 못쟈못쟈 모다야 모다야
매다리야 니라간타 가마사 날사남 바라하리나야 마낙 사바하
싯다야 사바하 마하싯다야 사바하 싯다유예 새바라야 사바하
니라간타야 사바하 바라하 목카싱하 목카야 사바하 바나마
하따야 사바하 자가라 욕다야 사바하 상카섭나네 모다나야
사바하 마하라 구타다라야 사바하 바마사간타 이사시체다 가릿
나 이나야 사바하 먀가라 잘마니바 사나야 사바하 **나모 라-다나
다라야야 나막알약 바로기제 새바라야 사바하** (3번)

(사방 찬讚)[1]

一灑東方	潔道場	텅 빈 충만 동쪽 마음 온 도량이 깨끗하고
일 쇄 동 방	결 도 량	
二灑南方	得淸凉	텅 빈 충만 남쪽 마음 온 도량이 시원하며
이 쇄 남 방	득 청 량	
三灑西方	俱淨土	텅 빈 충만 서쪽 마음 온 도량이 극락정토
삼 쇄 서 방	구 정 토	
四灑北方	永安康	텅 빈 충만 북쪽 마음 온 도량이 편안하리.
사 쇄 북 방	영 안 강	

(도량 찬讚)[2]

道場淸淨	無瑕穢	온 도량이 맑고 깨끗 더러운 것 없사오니
도 량 청 정	무 하 예	
三寶天龍	降此地	삼보님과 천룡들은 이 도량에 오시어서
삼 보 천 룡	강 차 지	
我今持誦	妙眞言	제가 이제 묘한 진언 지니면서 외울 때에
아 금 지 송	묘 진 언	
願賜慈悲	密加護	자비로써 거두시어 굽어살펴 주옵소서.
원 사 자 비	밀 가 호	

(참회 게偈)[3]

我昔所造	諸惡業	아득히 먼 옛날부터 제가 지은 모든 악업
아 석 소 조	제 악 업	
皆由無始	貪瞋痴	탐욕 성냄 어리석음 이것들로 말미암아
개 유 무 시	탐 진 치	
從身口意	之所生	몸과 입과 뜻을 통해 이 세상에 드러난 것
종 신 구 의	지 소 생	
一切我今	皆懺悔	제가 이제 이 모든 것 진심으로 참회하리.
일 체 아 금	개 참 회	

---

1. 동서남북 사방을 찬탄하다.
2. 청정한 도량을 찬탄하다.
3. 업장을 참회하는 게송이다.

나무
南無

참제업장 보승장불　　　　모든 업장 녹여주는 보배로운 부처님께
懺除業障 寶勝藏佛

보광왕 화염조불　　　　　　으뜸가는 보배 광명 세상 밝힌 부처님께
寶光王 火焰照佛

일체향화 자재력왕불　　　　향기로운 불빛으로 자재하신 부처님께
一切香火 自在力王佛

백억항하사 결정불　　　　　백억 항하 모래알 수 뛰어나신 부처님께
百億恒河沙 決定佛

진위덕불　　　　　　　　　　위엄 복덕 시방세계 드러내신 부처님께
振威德佛

금강견강 소복괴산불　　　　온갖 번뇌 없애 버린 마음의 왕 부처님께
金剛堅強 消伏壞散佛

보광월전 묘음존왕불　　　　밝은 달빛 앉아 계신 묘한 소리 부처님께
寶光月殿 妙音尊王佛

환희장 마니보적불　　　　　기쁜 마음 쌓아놓은 마니보주 부처님께
歡喜藏 摩尼寶積佛

무진향 승왕불　　　　　　　끝이 없는 향기로움 펼쳐내는 부처님께
無盡香 勝王佛

사자월불　　　　　　　　　　숲속의 왕 사자처럼 지혜로운 부처님께
獅子月佛

환희 장엄주왕불　　　　　　기쁨으로 시방세계 장엄하는 부처님께
歡喜 莊嚴珠王佛

제보당 마니승광불　　　　　임금 깃발 마니보주 광명 속의 부처님께
帝寶幢 摩尼勝光佛

두 손 모아 지극정성 귀의하고
귀의합니다.

---

1. 업장을 녹여주는 열두 부처님을 말한다.

殺生重罪 今日懺悔
살생중죄 금일참회

偸盜重罪 今日懺悔
투도중죄 금일참회

邪淫重罪 今日懺悔
사음중죄 금일참회

살생하여 지은 죄를 지금 모두 참회하고
도둑질로 지은 죄를 지금 모두 참회하며
삿된 관계 지은 죄를 지금 모두 참회하리.

妄語重罪 今日懺悔
망어중죄 금일참회

綺語重罪 今日懺悔
기어중죄 금일참회

兩舌重罪 今日懺悔
양설중죄 금일참회

惡口重罪 今日懺悔
악구중죄 금일참회

거짓말로 지은 죄를 지금 모두 참회하고
꾸민 말로 지은 죄를 지금 모두 참회하며
이간질로 지은 죄를 지금 모두 참회하고
나쁜 말로 지은 죄를 지금 모두 참회하리.

貪愛重罪 今日懺悔
탐애중죄 금일참회

瞋恚重罪 今日懺悔
진에중죄 금일참회

癡暗重罪 今日懺悔
치암중죄 금일참회

욕심으로 지은 죄를 지금 모두 참회하고
성냄으로 지은 죄를 지금 모두 참회하며
어리석어 지은 죄를 지금 모두 참회하리.

百劫積集罪 一念頓蕩除
백겁적집죄 일념돈탕제

如火焚枯草 滅盡無有餘
여화분고초 멸진무유여

오랜 세월 쌓아온 죄 한 생각에 없어지니
마른 풀을 태우듯이 남김없이 사라졌네.

罪無自性 從心起
죄무자성 종심기

心若滅時 罪亦亡
심약멸시 죄역망

罪亡心滅 兩俱空
죄망심멸 양구공

본래 없던 온갖 죄가 마음에서 일어남에
그 마음이 없어질 때 모든 죄가 사라지니
죄도 없고 마음 없어 그 모두가 공이라면

是則名爲　眞懺悔
시즉명위　진참회

텅 빈 충만 그 자리가 바로 참회 하는 마음.

○ 참회 진언

옴 살바 못자 모지 사다야 사바하 (3번)

准提功德聚　寂靜心常誦
준제공덕취　적정심상송

一切諸大難　無能侵是人
일체제대난　무능침시인

天上及人間　受福如佛等
천상급인간　수복여불등

遇此如意珠　定獲無等等
우차여의주　정획무등등

준제[1] 공덕 모으면서 고요한 맘 늘 챙기면
그 어떠한 어려움도 이 사람을 피해 가니
하늘 인간 받는 복도 부처님과 같아지고
이 여의주 만난 이들 가장 큰 법 얻으리라.

나무 칠구지불모[2] 대준제보살 (3번)

○ 정淨 법계 진언[3]

옴 남 (3번)

○ 호신護身 진언[4]

옴 치림 (3번)

---

1. 준제准提는 준제관음准提觀音을 말하며 불법을 지키고 보호하는 보살이다. 명이 짧은 중생의 수명을 지키고 보호해 주는 보살이기도 하다.
2. 칠구지불모七俱胝佛母는 관세음보살의 많은 화신 가운데 한 분인 준제관음을 말한다.
3. 법계를 정화하는 진언이다.
4. 몸을 보호하는 진언이다.

○ 관세음보살 본심미묘 육자대명왕 진언[1]

옴 마니 반메 훔 (3번)

○ 준제准提 진언[2]

나무 사다남 삼먁삼못다 구치남 다냐타
옴 자례 주례 준제 사바하 부림 (3번)

我今	持誦	大准堤
아금	지송	대준제
卽發	菩提	廣大願
즉발	보리	광대원

제가 지금 준제 진언 지극정성 외우면서
깨닫고자 하는 마음 크나큰 원 세우노니

願我	定慧	速圓明
원아	정혜	속원명
願我	功德	皆成就
원아	공덕	개성취
願我	勝福	遍莊嚴
원아	승복	변장엄
願共	衆生	成佛道
원공	중생	성불도

선정 지혜 밝디밝은 깨달음을 어서 얻어
제가 이제 온갖 공덕 빠짐없이 성취하며
뛰어난 복 두루두루 온 세상에 장엄하여
중생들과 모두 함께 성불하길 원합니다.

여래 십대 발원문[3]

願我	永離	三惡道
원아	영리	삼악도
願我	速斷	貪瞋癡
원아	속단	탐진치

제가 멀리 삼악도를 벗어나기 원하오며
제가 어서 탐진치를 끊어내기 원하오며

---

1. 관세음보살의 본디 마음자리에서 나오는 미묘한 여섯 글자로 세상을 환히 밝히는 진언이다.
2. 준제보살의 진언이다.
3. 부처님을 향한 열 가지 발원이 들어 있는 글이다.

願我 常聞 佛法僧 원아 상문 불법승	불법승을 제가 항상 만나 뵙기 원합니다.

願我 勤修 戒定慧 원아 근수 계정혜	계정혜를 부지런히 제가 닦기 원하오며
願我 恒隨 諸佛學 원아 항수 제불학	온갖 법을 제가 항상 배우기를 원하오며
願我 不退 菩提心 원아 불퇴 보리심	깨닫고자 하는 마음 영원하길 원합니다.

願我 決定 生安養 원아 결정 생안양	내생에는 극락세계 태어나기 원하오며
願我 速見 阿彌陀 원아 속견 아미타	제가 어서 아미타불 만나 뵙기 원하오며
願我 分身 遍塵刹 원아 분신 변진찰	저의 몸이 온갖 국토 나토기를 원하오며
願我 廣度 諸衆生 원아 광도 제중생	모든 중생 제가 모두 제도하기 원합니다.

발發 사홍서원[1]

衆生無邊 誓願度 중생무변 서원도	많고 많은 모든 중생 빠짐없이 제도하고
煩惱無盡 誓願斷 번뇌무진 서원단	끝이 없는 온갖 번뇌 남김없이 끊으리라.
法門無量 誓願學 법문무량 서원학	한량없이 많은 법문 모두 빠짐없이 다 배우고
佛道無上 誓願成 불도무상 서원성	더할 나위 없이 높은 부처님 삶 이루리라.

自性衆生 誓願度 자성중생 서원도	내 마음속 모든 중생 빠짐없이 제도하고
自性煩惱 誓願斷 자성번뇌 서원단	내 마음속 온갖 번뇌 남김없이 끊으리라.

---

1. 네 가지 큰 원력을 드러내다.

自性法門 誓願學
자성법문 서원학

내 마음속 온갖 법문 빠짐없이 다 배우고

自性佛道 誓願成
자성불도 서원성

내 마음속 높고 높은 부처님 삶 이루리라.

발원이發願已 **귀명례 삼보**[1]

南無 常住十方佛
나무 상주시방불

시방세계 항상 계신 부처님께 귀의하고

南無 常住十方法
나무 상주시방법

시방세계 항상 있는 부처님 법 귀의하며

南無 常住十方僧
나무 상주시방승

시방세계 항상 있는 청정 승가 귀의하옵니다.

---

1. 네 가지 큰 원력을 드러내고 삼보에 귀의하다.

⟨삼보통청⟩

(거불擧佛)[1] 🔔🎵

南無 佛陀部衆 光臨法會
나무 불타부중 광림법회

부처님께 귀의하니 이 법회에 함께하소서.

南無 達磨部衆 光臨法會
나무 달마부중 광림법회

부처님 법 귀의하니 이 법회에 함께하소서.

南無 僧伽部衆 光臨法會
나무 승가부중 광림법회

청정 승가 귀의하니 이 법회에 함께하소서.

○ 보普 소청召請 진언[2] 🔔

나무 보보제리 가리다리 다타 아다야

(3번)

(유치由致)[3] 🔔

仰惟 三寶大聖者
앙유 삼보대성자

우러러 삼보 큰 성현들의 삶을 생각하니

從眞淨界
종진정계

참으로 맑고 깨끗한 세상에서

興大悲運
흥대비운

크게 자비로운 마음을 일으키셨습니다.

---

1. 삼보통청은 통상 천수경을 독송한 뒤에 한다. 거불은 불보살님을 법회에 청하는 것이다.
2. 두루 불보살님이 이 자리에 오시기를 청하는 진언이다.
3. 불보살님을 찬탄하며 이 법회를 열게 된 이유를 설명하다.

非身現身
비신현신

형체가 없는 데서 몸을 드러내

布　身雲於三千世界
포　신운어삼천세계

삼천대천세계를 가득 채우시고

無法說法
무법설법

설할 법이 없는 데서 온갖 법을 전하여

灑　法雨於八萬塵勞
쇄　법우어팔만진로

감로법으로 온갖 번뇌를 씻어주셨습니다.

開　種種方便之門
개　종종방편지문

가지가지 방편으로 헤아릴 수 없이

導　茫茫沙界之衆
도　망망사계지중

많은 세계의 중생들을 이끌어 주시니

有求皆遂
유구개수

구하면 모두 이루어지는 것이

如空谷之傳聲
여공곡지전성

텅 빈 골짜기에 울리는 메아리와 같고

無願不從
무원부종

원하는 대로 모두 성취되는 것이

若澄潭之印月
약징담지인월

맑은 호수에 떠 있는 밝은 달과 같습니다.

是以　娑婆世界　大韓民國
시이　사바세계　대한민국

그러므로 사바세계 동양 대한민국

某寺　淸淨道場
모사　청정도량

(　　) 청정 도량에서 발원 재자 (　　　　)

以今月今日　虔設法筵
이금월금일　건설법연

오늘 저희들은 법의 자리를 마련하고

淨饌供養　無盡三寶慈尊
정찬공양　무진삼보자존

다함없는 삼보님 전에 공양을 올리옵니다.

右伏　以爇
우복　이설

엎드려 향을 사르옵고

茗香而禮請
명향이예청

예를 다하여 청하오니

虔誠可愍
건성가민

이 지극정성을 애틋하게 여기시고

冀廻慈鑑
기회자감

자비를 베풀어

降赴香筵
강부향연

이 자리에 내려와 주시옵소서.

謹秉一心
근병일심

삼가 지극한 마음으로 이 자리에

先陳三請
선진삼청

내려와 주시기를 청하고 또 청하옵니다.

(청사請詞)[1] 🔔

南無 一心奉請
나무 일심봉청

지극정성 청하오니 불보살님께서는

以大慈悲 而爲體故
이대자비 이위체고

자비로운 마음을 바탕으로 삼고

救護衆生 以爲資糧
구호중생 이위자량

중생제도를 삶의 보람으로 삼으시기에

於諸病苦 爲作良醫
어제병고 위작양의

병든 사람에게는 좋은 의사가 되어 주고

於失道者 示其正路
어실도자 시기정로

길을 잃은 사람에게는 길을 보여주며

於闇夜中 爲作光明
어암야중 위작광명

한밤중에는 밝은 빛이 되어 주십니다.

於貧窮者 令得伏藏
어빈궁자 영득복장

가난한 사람에게는 보배 곳간을 얻게 하여

平等饒益 一切衆生
평등요익 일체중생

한 중생도 차별 없이 이익을 주십니다.

---

1. 불보살님의 가피를 드러내며 법회에 오시기를 청하다.

清淨法身 毘盧遮那佛
청정법신 비로자나불
청정 법신 비로자나 부처님

圓滿報身 盧舍那佛
원만보신 노사나불
원만 보신 노사나불

千百億化身 釋迦牟尼佛
천백억화신 석가모니불
천백억 화신 석가모니 부처님

西方敎主 阿彌陀佛
서방교주 아미타불
서방정토 극락세계 아미타 부처님

當來下生 彌勒尊佛
당래하생 미륵존불
다가오는 이 세상에 내려오실 미륵존불

十方常住 眞如佛寶
시방상주 진여불보
시방상주 여여하신 보배로운 부처님

一乘圓敎 大華嚴經
일승원교 대화엄경
부처님 마음의 오롯한 가르침 대방광불화엄경

大乘實敎 妙法華經
대승실교 묘법화경
대승의 참다운 가르침 묘법연화경

三處傳心[1] 格外禪詮
삼처전심 격외선전
세 곳에서 마음을 전한 선종의 가르침

十方常住 甚深法寶
시방상주 심심법보
시방세계 상주하는 깊고 깊은 보배로운 법

大智 文殊菩薩
대지 문수보살
지혜제일 문수보살

大行 普賢菩薩
대행 보현보살
보살행의 보현보살

大悲 觀世音菩薩
대비 관세음보살
대자대비 관음보살

大願 地藏菩薩
대원 지장보살
대원본존 지장보살

---

1. '삼처전심'은 부처님이 세 곳에서 가섭에게 마음으로 마음을 전했다는 것으로 선종의 시발점이 된다.
   이처럼 문자를 떠나 고정관념을 깨트리는 선가의 가르침을 '격외도리'라 한다.

傳佛心燈 迦葉尊者
전불심등 가섭존자

流通教海 阿難尊者
유통교해 아난존자

十方常住 清淨僧寶
시방상주 청정승보

如是三寶 無量無邊
여시삼보 무량무변

一一周遍 一一塵刹
일일주변 일일진찰

부처님의 마음 등불 이어받은 가섭존자
설법 외워 가르침을 널리 펼친 아난존자
시방세계 상주하는 맑고 맑은 청정 승가
이와 같이 셀 수 없이 많고 많은 불보살님
한 분 한 분 모든 국토 늘 언제나 가득하니

唯願慈悲 憐愍有情
유원자비 연민유정

降臨道場 受此供養
강림도량 수차공양

바라옵건대 자비로 중생을 애틋하게 여기시고
이 도량에 내려와 저희 공양을 받아 주소서.

香花請
향화청

향과 꽃으로 맞이하옵니다. (3번)

佛身普遍 十方中
불신보변 시방중

三世如來 一切同
삼세여래 일체동

廣大願雲 恒不盡
광대원운 항부진

汪洋覺海 渺難窮
왕양각해 묘난궁

부처님 몸 시방세계 두루 하여 가득한데
삼세 모든 부처님도 빠짐없이 이와 같아
영원토록 다함없는 넓고 크신 원력으로
깨달음의 그 바다는 아득하여 끝이 없네.

故我一心
고아일심

歸命頂禮
귀명정례

그리하여 제가 지금
몸과 마음 다 바쳐서 지극정성 절합니다.

◦ 헌좌獻座 진언[1] 🔔

妙菩提座 勝莊嚴
묘보리좌 승장엄

諸佛坐己 成正覺
제불좌이 성정각

我今獻座 亦如是
아금헌좌 역여시

自他一時 成佛道
자타일시 성불도

아름다운 장식으로 꾸며 놓은 연화대에

불보살님 앉자마자 깨달음을 드러내니

제가 지금 이와 같은 성불 자리 마련하여

우리 모두 한날한시 부처님 삶 이루리라.

옴 바아라 미나야 사바하 (3번) 🔔🌀

◦ 정淨 법계 진언 🌀

옴 남 (7번)

供養十方 調御師
공양시방 조어사

演揚清淨 微妙法
연양청정 미묘법

三乘四果 解脫僧
삼승사과 해탈승

시방세계 부처님께 공양 올리니

맑고 맑은 미묘한 법 말씀하시어

해탈하려 공부하는 모든 수행자

願垂 哀納受
원수 애납수

願垂 哀納受
원수 애납수

願垂慈悲 哀納受
원수자비 애납수

자비로운 마음으로 애틋하게 살피소서.

자비로운 마음으로 애틋하게 살피소서.

자비로운 마음으로 애틋하게 살펴 주옵소서.

---

1. 부처님 자리를 마련하여 앉으시기를 청하는 진언이다.

진언 권공勸供[1] 🔔

香羞羅列 齋者虔誠
향수나열　재자건성

欲求　供養之周圓
욕구　공양지주원

須仗　加持之變化
수장　가지지변화

仰唯三寶　特使加持
앙유삼보　특사가지

향기로운 법공양에 발원 재자 정성 다해
이 공양을 우주법계 가득가득 채우려면
부처님의 가피로써 오직 가능 하옵나니
삼보께서는 특별히 보살펴 주시옵소서.

南無　常住十方佛
나무　상주시방불

南無　常住十方法
나무　상주시방법

南無　常住十方僧
나무　상주시방승

시방세계 항상 계신 부처님께 귀의하고
시방세계 항상 있는 부처님 법 귀의하며
시방세계 청정한 승가에 귀의하옵니다.

無量威德　自在光明勝妙力
무량위덕　자재광명승묘력

◦ 무량위덕 자재광명 승묘력 변식變食 진언[2] 🔔

나막 살바다타 아다 바로기제
옴 삼바라 삼바라 훔 (3번)

◦ 시施 감로수 진언 🔔

나무 소로바야 다타아다야 다냐타 옴
소로소로 바라소로 바라소로 사바하

(3번)

---

1. 공양을 권하는 변식 진언, 시 감로수 진언, 일자 수륜관 진언, 유해 진언 이 네 가지 진언을 말한다.
2. 한량없는 위엄과 덕이 드러나는 자재광명의 오묘한 힘으로 온갖 것을 향기로운 법공양으로 만드는 진언이다.

◦ 일자一字 수륜관水輪觀 진언[1] 🔔

옴 밤 밤 밤밤 (3번)

◦ 유해乳海 진언[2] 🔔

나무 사만다 못다남 옴 밤 (3번)

◦ 운심運心 공양 진언[3] 🎵

願此香供	遍法界
원차 향공	변법 계
普供無盡	三寶海
보공무진	삼보 해
慈悲受供	增善根
자비수공	증선근
令法住世	報佛恩
영법주세	보불 은

향기로운 공양물이 법계에 가득
한량없는 삼보님 전 공양 올리니
대자비로 공양 받고 선근 베풀어
부처님의 크신 은혜 갚게 하소서.

나막 살바다타 아제비약미 살바 모계
비약살바타캄 오나아제 바라혜맘
옴 아아나캄 사바하 (3번)

---

1. 진언 한 글자로 바다의 맑디맑은 물처럼 깨끗한 마음이 펼쳐지는 것을 관하는 진언이다.
2. 중생을 위하여 꿀과 젖이 이 세상에 넘치도록 하는 진언이다.
3. 정성껏 공양을 올리는 진언으로 예참을 할 때는 생략하기도 한다.

(禮供) 🌿

至心　頂禮　供養
지심　정례　공양

三界導師　四生慈父
삼계도사　사생자부

是我本師　釋迦牟尼佛
시아본사　석가모니불

至心　頂禮　供養
지심　정례　공양

十方三世　帝網刹海
시방삼세　제망찰해

常住一切　佛陀耶衆
상주일체　불타야중

至心　頂禮　供養
지심　정례　공양

十方三世　帝網刹海
시방삼세　제망찰해

常住一切　達摩耶衆
상주일체　달마야중

至心　頂禮　供養
지심　정례　공양

大智　文殊舍利菩薩　大行　普賢菩薩
대지　문수사리보살　대행　보현보살

大悲　觀世音菩薩　大願本尊　地藏菩薩摩訶薩
대비　관세음보살　대원본존　지장보살마하살

(예공)[1] 🎵

모든 중생 제도하는 자비로운 어버이신
본디부터 우리 스승 석가모니 부처님께
지극정성 절을 하며 이 공양을 올립니다. (절)

시방삼세 온 우주에 거듭거듭 펼쳐지는
온갖 국토 어디라도 항상 계신 부처님께
지극정성 절을 하며 이 공양을 올립니다. (절)

시방삼세 온 우주에 거듭거듭 펼쳐지는
온갖 국토 어디라도 항상 있는 가르침에
지극정성 절을 하며 이 공양을 올립니다. (절)

지혜로운 문수보살 육도만행 보현보살
자비로운 관음보살 대원본존 지장보살
지극정성 절을 하며 이 공양을 올립니다. (절)

---

1. 오분향 예불문의 내용과 같다.

至心 頂禮 供養
지심 정례 공양

靈山當時 受佛附囑 十大弟子 十六聖 五百聖
영산당시 수불부촉 십대제자 십육성 오백성

獨修聖 乃至 千二百 諸大阿羅漢 無量慈悲聖衆
독수성 내지 천이백 제대아라한 무량자비성중

至心 頂禮 供養
지심 정례 공양

西乾東震 及我海東 歷代傳燈 諸大祖師
서건동진 급아해동 역대전등 제대조사

天下宗師 一切微塵數 諸大善知識
천하종사 일체미진수 제대선지식

至心 頂禮 供養
지심 정례 공양

十方三世 帝網刹海
시방삼세 제망찰해

常住一切 僧伽耶衆
상주일체 승가야중

唯願 無盡三寶
유원 무진삼보

大慈大悲 受我頂禮 冥熏加被力
대자대비 수아정례 명훈가피력

願共法界 諸衆生 自他一時 成佛道
원공법계 제중생 자타일시 성불도

영산회상 법을 이은 십대제자 십육성인
오백성현 독수성과 천이백의 대아라한
헤아릴 수 없이 많은 자비로운 성중님께
지극정성 절을 하며 이 공양을 올립니다. (절)

인도 중국 우리나라 세계 곳곳 법을 전한
천하종사 큰스님들 많고 많은 선지식께
지극정성 절을 하며 이 공양을 올립니다. (절)

시방삼세 온 우주에 거듭거듭 펼쳐지는
온갖 국토 어디라도 항상 계신 스님들께
지극정성 절을 하며 이 공양을 올립니다. (절)

바라건대 이 세상에 다함없는 삼보시여!
대자대비 베푸시어 저희 예배 받으시고
끊임없이 펼쳐지는 부처님의 가피로써
일체중생 모두 함께 성불하기 원하옵니다. (반배)

◦ 보普 공양 진언[1] 🍃

옴 아아나 삼바바 바아라 훔 (3번)

◦ 보普 회향 진언[2] 🍃

옴 삼마라 삼마라

미만나 사라마하 자거라바 훔 (3번)

◦ 원願 성취 진언[3] 🍃

옴 아모카 살바다라 사다야 시베 훔 (3번)

◦ 보궐補闕 진언[4] 🍃

옴 호로호로 사야모케 사바하 (3번)

刹塵心念	可數知	많은 국토 티끌만큼 낱낱 마음 알 수 있고
찰진심념	가수지	
大海中水	可飲盡	이 세상의 바닷물을 남김없이 마시면서
대해중수	가음진	
虛空可量	風可繫	저 허공을 가늠하고 거센 바람 잡아매도
허공가량	풍가계	
無能盡說	佛功德	부처님의 크신 공덕 다 말할 수 없으리라.
무능진설	불공덕	

---

1. 시방세계에 두루 공양을 올리는 진언이다.
2. 시방세계에 모든 공덕을 두루 회향하는 진언이다.
3. 소원을 성취하는 진언이다.
4. 진언을 하다가 빠트린 진언의 공덕을 보충하는 진언이다.

（석가모니불 정근）♫

南無　靈山　不滅　鶴樹雙存　是我本師　釋迦牟尼佛
나무　영산　불멸　학수쌍존　시아본사　석가모니불……

天上天下　無如佛　　　　하늘 위나 하늘 아래 부처님이 으뜸이니
천상천하　무여불

十方世界　亦無比　　　　시방세계 둘러봐도 이 같은 분 전혀 없고
시방세계　역무비

世間所有　我盡見　　　　이 세상의 모든 성현 내가 모두 보았지만
세간소유　아진견

一切無有　如佛者　　　　부처님과 같은 분은 찾을 수가 없었다네.
일체무유　여불자

故我一心　　　　　　　　그리하여 제가 지금
고아일심

歸命頂禮　　　　　　　　몸과 마음 다 바쳐서 지극정성 절합니다.
귀명정례

축원

仰告
앙고

우러러 사뢰옵니다.

十方三世　三寶慈尊
시방삼세　삼보자존

시방삼세 상주하는 자비로운 삼보시여

不捨慈悲　許垂朗鑑
불사자비　허수낭감

저희를 저버리지 마시고 밝게 살펴 주시어

上來所修　功德海
상래소수　공덕해

지금까지 닦아 왔던 저희들의 모든 공덕이

回向三處　悉圓滿
회향삼처　실원만

중생계에 빠짐없이 회향되기를 바라옵니다.

娑婆世界　大韓民國
사바세계　대한민국

사바세계 남섬부주 동양 대한민국

（　　）清淨水月道場
　　　　청정수월도량

청정 바다 달빛 도량 （　　）에서

願我今此　至極精誠
원아금차　지극정성

제가 오늘 지극정성을 드리오니

獻供發願齋者（　　）
헌공발원재자

공양 올린 발원 재자 （　　） 및 여기 모인

時會大衆　各各等保體
시회대중　각각등보체

대중 모두가 잘 살기를 바라오며

以此因緣功德
이차인연공덕

이 인연으로 만들어진 온갖 공덕으로

仰蒙諸佛菩薩　加被之妙力
앙몽제불보살　가피지묘력

모든 불보살님 가피를 받게 하시옵소서.

日日　有千祥之慶
일일　유천상지경

매일 매일 온갖 경사 온 집안에 가득하고

時時　無百害之災
시시　무백해지재

가지가지 나쁜 일들 늘상 없이 편안하며

一切災禍　一切魔障
일체재화　일체마장

온갖 재앙과 마구니 장애들도

永爲消滅
영위소멸

영원토록 소멸되기를 바라옵니다.

四大强健　六根清淨
사대강건　육근청정

身强鐵石　心若泰山
신강철석　심약태산

子孫昌盛　無病長壽
자손창성　무병장수

財數大通　事業繁昌
재수대통　사업번창

몸과 마음 강건하여 맑고 맑아 순결하며
움직이지 않는 마음 태산과도 같아지고
자손들이 잘 살면서 무병장수 건강하니
재수 대통하고 사업 번창 하게 하옵소서.

家內和合　福海汪洋
가내화합　복해왕양

各其心中　所求所願
각기심중　소구소원

如意圓滿　亨通之大願
여의원만　형통지대원

집안이 화목하고 그 복덕이 바다 같아
저마다 마음속에 깊이 품은 소원들이
뜻한 대로 오롯이 성취되기 바라옵니다.

同參齋者　各各等保體
동참재자　각각등보체

佛法門中　信心堅固
불법문중　신심견고

永不退轉
영불퇴전

發阿耨多羅三藐三菩提之大願
발아뇩다라삼막삼보리지대원

동참재자의 몸과 마음이 편안하고
부처님 집안에서 신심이 견고하여
영원히 부처님 품 안에서 물러나지 않고
도 닦을 마음 내기를 바라옵니다.

同參齋者　各各等伏爲
동참재자　각각등복위

各上逝　先亡父母
각상서　선망부모

各 列位列名 靈駕
각 열위열명 영가

以此　因緣功德
이차　인연공덕

往生　極樂世界
왕생　극락세계

上品　上生之大願
상품　상생지대원

동참재자 저마다 무릎 꿇고 엎드려서
먼저 가신 부모님들 왕생극락 발원하고
인연 있는 모든 영가 빠짐없이 축원하니
이 인연 공덕으로써
극락세계로 가시어
영원토록 행복하기를 바라옵니다.

然後 願 연후 원		그런 뒤에 원하옵기를
恒沙法界 항사법계	無量佛子 무량불자	항하 법계 셀 수 없이 많고 많은 불자들이
同遊華藏 동유화장	莊嚴海 장엄해	모두 함께 꽃의 장엄 화장세계 같이 놀고

同入菩提 동입보리	大道場 대도량	깨달음의 도량으로 또한 같이 들어가며
常逢華嚴 상봉화엄	佛菩薩 불보살	언제나 늘 화엄세계 불보살을 만나 뵙고
恒蒙諸佛 항몽제불	大光明 대광명	부처님의 광명 속에 영원토록 살아가며
消滅無量 소멸무량	衆罪障 중죄장	세세생생 지은 죄업 빠짐없이 없애버려
獲得無量 획득무량	大智慧 대지혜	부처님의 큰 지혜를 성취하기 바라옵니다.

頓成無上 돈성무상	最正覺 최정각	한순간에 으뜸가는 깨달음을 이루고선
廣度法界 광도법계	諸衆生 제중생	법계 모든 중생들을 빠짐없이 제도하여
以報諸佛 이보제불	莫大恩 막대은	부처님의 크신 은혜 남김없이 보답하고
世世常行 세세상행	菩薩道 보살도	세세생생 언제나 늘 보살도를 실천하며
究竟圓成 구경원성	薩婆耶 살바야	마침내는 모든 것을 아는 지혜 성취하여
摩訶般若 마하반야	婆羅蜜 바라밀	부처님의 세상으로 들어가기 바라옵니다.

나무 석가모니불, 나무 석가모니불,
나무 시아본사 석가모니불.

K 관음청 K

(천수경을 독송한 다음 관세음보살님께 귀의한다. 천수경 98쪽 참조.)[1]

南無 圓通敎主 觀世音菩薩
나무 원통교주 관세음보살

원통교주 관-세음 보살님께 귀의합니다.

南無 道場敎主 觀世音菩薩
나무 도량교주 관세음보살

도량교주 관-세음 보살님께 귀의합니다.

南無 圓通會上 佛菩薩
나무 원통회상 불보살

원통회상 불보살님께 귀의합니다.

○ 보普 소청召請 진언

나무 보보제리 가리다리 다타 아다야

(3번)

由致
유치

(이 법회를 여는 까닭)

仰惟 觀音 大聖者
앙유 관음 대성자

우러러 관세음 보살님의 자비로운 용모

慈容甚妙 悲願尤深
자용심묘 비원우심

깊고도 오묘한 원력을 생각해 봅니다.

爲接引衆生
위접인중생

중생들을 맞이하기 위하여

乃常處彌陀佛刹
내상처미타불찰

관세음 보살님은 늘 아미타불 거처에서

入寂靜三昧
입적정삼매

고요한 삼매에 들어갔습니다.

---

1. 매월 음력 24일은 관음재일로서 관음청을 한다. 또한 관음청 대신에 관음경 독송, 관음예참문, 관음예문을 할 수도 있다.

又 不離百花道場
우 불리백화도량

普應十方
보응시방

聲聲救苦
성성구고

不離一步
불리일보

刹刹現身
찰찰현신

또 온갖 꽃이 만발한 도량을 벗어나지 않고
시방세계 중생들의 간절한 부름에 감응하여
온갖 고통에서 그들을 구해 주기 위하여
한 걸음도 옮기지 않으면서
온 국토에 당신 몸을 나토셨습니다.

若伸供養之義
약신공양지의

必借感通之念
필차감통지념

有求皆遂
유구개수

無願不從
무원부종

만약 지극정성 공양 올리는 뜻을 알리며
반드시 이 정성이 통할 것이라는 생각으로
구하는 것이 있으면 빠짐없이 모두 이루어져
어떤 소원도 이루어지지 않을 게 없습니다.

是以 娑婆世界 大韓民國
시이 사바세계 대한민국

(住所) 寺院 淸淨之道場
　주소　 사원　 청정지도량

至極至誠 獻供發願齋者
지극지성 헌공발원재자

이 때문에 사바세계 남섬부주 대한민국
(　　　)에 있는 (　　　) 청정 도량에서
지극정성 공양 올리는 발원 재자 (　　　)는

以此因緣功德
이차인연공덕

一切苦難 永爲消滅
일체고난 영위소멸

四大强健 六根淸淨
사대강건 육근청정

心中所求 所願萬事
심중소구 소원만사

如意圓滿亨通之大願
여의원만형통지대원

이 인연 공덕의 회향으로
온갖 고난이 내게서 영원히 사라지며
몸이 튼튼하고 마음이 맑고 깨끗하여
마음속에 바라고 원하는 바 온갖 일을
뜻대로 빠짐없이 다 이루게 하옵소서.

以今月今日 이금월금일	(　　　)월 (　　　)일 오늘
虔設法筵 淨饌供養 건설법연 정찬공양	법의 자리를 마련하여 뜻을 이루게 해 주는
圓通教主 觀世音菩薩 원통교주 관세음보살	원통교주 관세음 보살님께 공양을 올리니
薰勳作法 仰祈妙援子 훈근작법 앙기묘원자	세상의 구원자가 되어 주기를 바라옵니다.

右伏 以親燒片慧 우복 이친소편혜	엎드려 저희들이 정성을 다하옵니다.
表心香 無火而普熏 표심향 무화이보훈	이 마음의 향기가 드러나 널리 퍼져
仰告慈門 請面月 앙고자문 청면월	자비 문중에 나토시기를 우러러 아뢰오니
離空而曲照 暫辭於寶窟 이공이곡조 잠사어보굴	달빛이 세상을 비추듯 보배궁전을 잠시 떠나
請赴於香筵 청부어향연	법의 향연에 내려와 주시기를 청하옵니다.
仰表一心 先陳懇請 앙표일심 선진간청	우러러 지극한 마음으로 먼저 간청 하옵니다.

請詞 청사	관자재 보살님을 청하옵니다. 🔔
南無 나무	
一心奉請 海岸孤絶處 일심봉청 해안고절처	지극정성 청하오니
寶陀落迦山 道場教主 보타락가산 도량교주	바닷가의 외딴 곳에 보타락가 도량교주
三十二應身 十四無畏力[1] 삼십이응신 십사무외력	온갖 모습 다양한 힘 불가사의 네 가지 덕
四不思議德 受用無碍 사부사의덕 수용무애	이 모든 것 갖추고서 쓰는 것이 걸림 없어

---

1. 관세음보살 '삼십이응신'은 중생이 바라는 서른두 가지 몸을 말하고, '십사무외력'은 열네 가지 두려울 게 없는 힘을 말하며, '사부사의덕'은 네 가지 불가사의한 공덕을 말한다.

八萬四千　爍迦羅首
팔만사천　삭가라수
八萬四千　母陀羅臂
팔만사천　모타라비
八萬四千　淸淨寶目
팔만사천　청정보목
或慈或威　分形散體
혹자혹위　분형산체
應諸衆生　心所願求
응제중생　심소원구
拔苦與樂　大慈大悲
발고여락　대자대비
觀自在　菩薩摩訶薩
관자재　보살마하살

팔만 사천 금강 머리 팔만 사천 손과 팔 및
팔만 사천 깨끗하고 보배로운 눈빛으로
자비 또는 위엄 있는 모습으로 나타나서
모든 중생 원하는 것 빠짐없이 호응하여
온갖 고통 제거하고 즐거움을 선사하는
대자대비 관자재 보살님께 귀의하옵니다.

唯願慈悲
유원자비
降臨道場　受此供養
강림도량　수차공양

오직 하나 바라건대 대자대비 베푸시어
이 도량에 내려와서 저희 공양 받으소서.

香花請
향화청

향과 꽃으로 맞이하옵니다. (3번) ✍

白衣觀音　無說說
백의관음　무설설
南巡童子　不聞聞
남순동자　불문문
甁上綠楊　三際夏
병상녹양　삼제하
巖前翠竹　十方春
암전취죽　시방춘

백의관음 말이 없이 모든 법을 다 설하고
남순동자 들음 없이 온갖 법을 다 들으니
유리병에 초록 버들 사시사철 여름이요
바위 앞의 푸른 대숲 시방세계 봄날이네.

故我一心
고아일심
歸命頂禮
귀명정례

그리하여 제가 지금
몸과 마음 다 바쳐서 지극정성 절합니다.

∘ 헌좌獻座 진언[1] 🛎

妙菩提座　勝莊嚴
묘보리좌　승장엄
諸佛坐已　成正覺
제불좌이　성정각
我今獻座　亦如是
아금헌좌　역여시
自他一時　成佛道
자타일시　성불도

아름다운 장식으로 꾸며 놓은 연화대에
불보살님 앉자마자 깨달음을 드러내니
제가 지금 이와 같은 성불 자리 마련하여
우리 모두 한날한시 부처님 삶 이루리라.

옴 바아라 미나야 사바하 (3번) 🛎🔔

∘ 정淨 법계 진언 🔔

옴 남 (7번, 21번)

(다게茶偈)[2] 🔔

今將　甘露茶
금장　감로다
奉獻　觀音前
봉헌　관음전
鑑察　虔懇心
감찰　건간심

저희들이 공양 올린 맑고 맑은 감로다를
성스러운 관-세음 보살님께 바치오니
저희들의 간절한 이 마음을 살피시어

願垂　哀納受
원수　애납수
願垂　哀納受
원수　애납수
願垂慈悲　哀納受
원수자비　애납수

자비로운 마음으로 애틋하게 받으소서.
자비로운 마음으로 애틋하게 받으소서.
자비로운 마음으로 애틋하게 받아 주옵소서.

---

1. 부처님 자리를 마련하여 앉으시기를 청하는 진언이다.
2. 불보살님 전에 차를 올리는 게송이다.

진언 권공 勸供 🔔

香羞羅列 齋者虔誠
향수나열 　재자건성

欲求 供養之周圓
욕구 　공양지주원

須仗 加持之變化
수장 　가지지변화

仰唯三寶 特使加持
앙유삼보 　특사가지

향기로운 법공양에 발원 재자 정성 다해
이 공양을 우주법계 가득가득 채우려면
부처님의 가피로써 오직 가능 하옵나니
삼보께서는 특별히 보살펴 주시옵소서.

南無 常住十方佛
나무 　상주시방불

南無 常住十方法
나무 　상주시방법

南無 常住十方僧
나무 　상주시방승

시방세계 항상 계신 부처님께 귀의하고
시방세계 항상 있는 부처님 법 귀의하며
시방세계 청정한 승가에 귀의하옵니다.

∘ 무량위덕 자재광명 승묘력 변식變食 진언[1] 🔔

나막 살바다타 아다 바로기제
옴 삼바라 삼바라 훔 (3번)

∘ 시施 감로수 진언 🔔

나무 소로바야 다타아다야 다냐타 옴
소로소로 바라소로 바라소로 사바하 (3번)

∘ 일자一字 수륜관水輪觀 진언[2] 🔔

옴 밤 밤 밤밤 (3번)

---

1. 한량없는 위엄과 덕이 드러나는 자재광명의 힘으로 온갖 것을 향기로운 법공양으로 만드는 진언이다.
2. 진언 한 글자로 바다의 맑디맑은 물처럼 깨끗한 마음이 펼쳐지는 것을 관하는 진언이다.

∘ 유해乳海 진언 🔔

나무 사만다 못다남 옴 밤 (3번)

禮懺
예참

(관세음보살님께 예를 올리며) 🔔

至心 頂禮 供養
지심 정례 공양

걸림 없이 나타나서 모든 중생 제도하는

普門示現 願力弘心
보문시현 원력홍심

크신 원력 대자대비 관-세음 보살님께

大慈大悲 觀世音菩薩
대자대비 관세음보살

몸과 마음 다 바쳐서 공양 올려 절합니다.

至心 頂禮 供養
지심 정례 공양

고통 속의 신음소리 중생들을 찾아가서

尋聲救苦 應諸衆生
심성구고 응제중생

제도하는 대자대비 관-세음 보살님께

大慈大悲 觀世音菩薩
대자대비 관세음보살

몸과 마음 다 바쳐서 공양 올려 절합니다.

至心 頂禮 供養
지심 정례 공양

左補處 南巡童子
좌보처 남순동자

좌측 보좌 남순동자 우측 보좌 해상용왕

右補處 海上龍王
우보처 해상용왕

몸과 마음 다 바쳐서 공양 올려 절합니다.

唯願 大慈大悲
유원 대자대비

바라건대 대자대비 관-세음 보살님께

觀世音菩薩 受此供養
관세음보살 수차공양

지극정성 이 공양을 올린 공덕 회향하여

願共法界諸衆生
원공법계제중생

법계 중생 모두 함께 성불하기 원하옵니다.

自他一時成佛道
자타일시성불도

(반배)

◦ 보普 공양 진언 ✆

옴 아아나 삼바바 바아라 훔 (3번)

◦ 보普 회향 진언[1] ✆

옴 삼마라 삼마라

미만나 사라마하 자거라바 훔 (3번)

◦ 원願 성취 진언[2] ✆

옴 아모카 살바다라 사다야 시베 훔 (3번)

◦ 보궐補闕 진언[3] ✆

옴 호로호로 사야모케 사바하 (3번)

(관세음보살 정근)

南無 普門示顯 願力弘深
나무 보문시현 원력홍심

大慈大悲 救苦救難 觀世音菩薩
대자대비 구고구난 관세음보살……

---

1. 시방세계에 모든 공덕을 두루 회향하는 진언이다.
2. 소원을 성취하는 진언이다.
3. 진언을 하다가 빠트린 진언의 공덕을 보충하는 진언이다.

◦ 관세음보살 멸滅 업장 진언[1] 🔖

옴 아로늑게 사바하 (3번)

具足神通力　廣修智方便
구족신통력　광수지방편

十方諸國土　無刹不現身
시방제국토　무찰불현신

신통한 힘 다 갖추고 지혜방편 널리 닦아

시방세계 빠짐없이 나타나는 관음보살

(참회 게偈)[2] 🔖

願滅　四生六道　法界有情
원멸　사생육도　법계유정

多劫生來　諸業障
다겁생래　제업장

我今懺悔　稽首禮
아금참회　계수례

願諸罪障　悉消除
원제죄장　실소제

世世常行　菩薩道
세세상행　보살도

원하건대 온갖 모습 중생으로서

오랜 세월 지어 왔던 모든 업장을

머리 숙여 제가 이제 참회합니다.

이 참회로 온갖 죄가 다 없어져서

세세생생 보살도를 실천하리라.

(참회 게를 되풀이하며 3번 큰절을 한다.)

(회향 게偈)[3] 🔖

願以此功德　普及於一切
원이차공덕　보급어일체

我等與衆生　當生極樂國
아등여중생　당생극락국

同見無量壽　皆共成佛道
동견무량수　개공성불도

원하오니 이 공덕이 모든 곳에 널리 퍼져

저와 같은 모든 중생 극락세계 태어나서

아미타불 만나 뵙고 모두 함께 성불하리.

---

1. 관세음보살의 위엄과 신통력으로 업장을 없애는 진언이다.
2. 참회하는 게송은 다 함께 독송하되 때에 따라 생략할 수 있다.
3. 회향하는 게송은 다 함께 독송하되 때에 따라 생략할 수 있다.

축원

仰告
앙고

大慈大悲觀世音菩薩
대자대비관세음보살

不捨慈悲 許垂朗鑑
불사자비 허수낭감

上來所修 功德海
상래소수 공덕해

回向三處 悉圓滿
회향삼처 실원만

우러러 사뢰옵니다.

대자대비 관-세음 보살님이시여

저희를 저버리지 마시고 밝게 살펴 주시어

지금까지 닦아 왔던 저희들의 모든 공덕이

중생계에 빠짐없이 회향되기를 바라옵니다.

娑婆世界 大韓民國
사바세계 대한민국

(   ) 淸淨水月道場
      청정수월도량

願我今此 至極精誠
원아금차 지극정성

사바세계 남섬부주 동양 대한민국

청정 바다 달빛 도량 (   )에서

제가 오늘 지극정성 예배 드리오니

獻供發願齋者 (   )
헌공발원재자

時會大衆 各各等保體
시회대중 각각등보체

공양 올린 발원 재자 (   ) 및 여기 모인

대중 모두가 잘 살기를 바라옵니다.

以此因緣功德
이차인연공덕

一切災禍 一切魔障
일체재화 일체마장

永爲消滅
영위소멸

이 인연으로 만들어진 온갖 공덕으로

온갖 재앙과 모든 마구니 장애들도

영원토록 소멸되기를 바라옵니다.

四大强健　六根清淨
사대강건　육근청정

身强鐵石　心若泰山
신강철석　심약태산

子孫昌盛　無病長壽
자손창성　무병장수

財數大通　事業繁昌
재수대통　사업번창

몸과 마음 강건하여 맑고 맑아 순결하며
움직이지 않는 마음 태산과도 같아지고
자손들이 잘 살면서 무병장수 건강하여
재수 대통하고 사업 번창 하게 하옵소서.

家內和合　福海汪洋
가내화합　복해왕양

各其心中　所求所願
각기심중　소구소원

如意圓滿　亨通之大願
여의원만　형통지대원

온 집안이 화목하고 그 복덕이 바다 같아
저마다가 마음속에 깊이 품은 소원들이
뜻한 대로 오롯이 성취되기 바라옵니다.

同參齋者　各各等保體
동참재자　각각등보체

佛法門中　信心堅固
불법문중　신심견고

永不退轉
영불퇴전

發阿耨多羅三藐三菩提之大願
발아뇩다라삼먁삼보리지대원

동참재자 몸과 마음 모두 함께 편안하고
부처님의 집안에서 믿는 마음 견고하여
영원토록 부처님의 품 안에서 살아가며
도 닦을 마음 내기 간절하게 바라옵니다.

同參齋者　各各等伏爲
동참재자　각각등복위

各上逝　先亡父母
각상서　선망부모

各 列位列名　靈駕
각 열위열명　영가

以此　因緣功德
이차　인연공덕

往生　極樂世界
왕생　극락세계

上品　上生之大願
상품　상생지대원

동참재자 저마다가 무릎 꿇고 엎드려서
각자 먼저 돌아가신 부모님을 축원하고
인연 있는 모든 영가 빠짐없이 축원하니
이런 인연 공덕으로
아미타불 서방정토 극락세계 왕생하여
극락정토 태어나 행복하기 바라옵니다.

然後 願
연후 원

그런 뒤에 원하옵기를

恒沙法界　無量佛子
항사법계　무량불자

항사 법계 셀 수 없이 많고 많은 불자들이

同遊華藏　莊嚴海
동유화장　장엄해

모두 함께 꽃의 장엄 화장세계 노니옵고

同入菩提　大道場
동입보리　대도량

깨달음의 도량으로 또한 같이 들어가며

常逢華嚴　佛菩薩
상봉화엄　불보살

언제나 늘 화엄세계 불보살님 만나 뵙고

恒蒙諸佛　大光明
항몽제불　대광명

부처님의 광명 속에 영원토록 살아가며

消滅無量　衆罪障
소멸무량　중죄장

세세생생 지은 죄업 남김없이 소멸시켜

獲得無量　大智慧
획득무량　대지혜

부처님의 밝은 지혜 성취하기 바라옵니다.

頓成無上　最正覺
돈성무상　최정각

한순간에 으뜸가는 깨달음을 이루고선

廣度法界　諸衆生
광도법계　제중생

항사 법계 모든 중생 빠짐없이 제도하여

以報諸佛　莫大恩
이보제불　막대은

부처님의 크신 은혜 남김없이 보답하니

世世常行　菩薩道
세세상행　보살도

세세생생 늘 언제나 보살도를 실천하며

究竟圓成　薩婆耶
구경원성　살바야

마침내는 모든 것을 아는 지혜 성취하여

摩訶般若　婆羅密
마하반야　바라밀

부처님의 세상으로 들어가기 바라옵니다.

나무 석가모니불, 나무 석가모니불,
나무 시아본사 석가모니불.

▌신중청 ▐

◦ 진공進供 진언 🔔

옴 반자 사바하 (3번)

以此 淸淨 香雲供
이차 청정 향운공

맑고 깨끗한 향기로운 공양을 올려

奉獻 擁護 聖衆前
봉헌 옹호 성중전

불법을 수호하는 성중님께 바치오니

鑑察 齋者 虔懇心
감찰 재자 건간심

저희들의 간절한 마음을 살피시어

願垂 哀納受
원수 애납수

자비로운 마음으로 애틋하게 받으소서.

願垂 哀納受
원수 애납수

자비로운 마음으로 애틋하게 받으소서.

願垂慈悲 哀納受
원수자비 애납수

자비로운 마음으로 애틋하게 받아 주옵소서.

(예참禮懺) 🔮

至心 頂禮 供養
지심 정례 공양

화엄회상 불법 수호 욕계 색계 신중님께

華嚴會上 欲色諸天衆
화엄회상 욕색제천중

지극정성 절을 하며 이 공양을 올립니다.

* 신중청은 중단퇴공이라고도 한다. 상단에서 불공을 마치고 중단에서 신중에게 공양을 올리면서 불공을
  끝내는 의식이다.

至心 頂禮 供養
지심 정례 공양

華嚴會上 八部四王衆
화엄회상 팔부사왕중

화엄회상 불법 수호 사천왕과 팔부신중
지극정성 절을 하며 이 공양을 올립니다.

至心 頂禮 供養
지심 정례 공양

華嚴會上 護法善神衆
화엄회상 호법선신중

화엄회상 불법 수호 선한 호법 신중님께
지극정성 절을 하며 이 공양을 올립니다.

唯願
유원

神衆慈悲 擁護道場
신중자비 옹호도량

悉皆受供 發菩提
실개수공 발보리

施作佛事 度衆生
시작불사 도중생

오직 바라옵건대
이 도량을 수호하는 자비로운 신중님들
이 공양을 받으시고 깨달음을 이루시어
모든 중생을 제도하여 주시옵소서.

◦ 보普 공양 진언 ✿

옴 아아나 삼바바 바아라 훔 (3번)

◦ 보普 회향 진언 ✿

옴 삼마라 삼마라

미만나 사라마하 자거라바 훔 (3번)

⟨화엄경 약찬게⟩

大方廣佛 華嚴經
대방광불 화엄경
龍樹菩薩 略纂偈[1]
용수보살 약찬게

용수보살 게송으로 대방광불 화엄경을
조목조목 정리하여 간략하게 설하노라.

南無華藏 世界海
나무화장 세계해
毘盧遮那 眞法身
비로자나 진법신
現在說法 盧舍那
현재설법 노사나
釋迦牟尼 諸如來
석가모니 제여래

꽃으로써 펼쳐지는 끝이 없는 화장세계
그 바다의 교주이신 비로자나 참법신과
현재 법을 설하시는 노사나불 부처님과
석가모니 부처님과 다른 모든 부처님들

過去現在 未來世
과거현재 미래세
十方一切 諸大聖
시방일체 제대성
根本華嚴 轉法輪
근본화엄 전법륜
海印三昧 勢力故
해인삼매 세력고

과거 현재 미래 세상 시방세계 모든 성인
제가 이제 찬탄하며 지극정성 모시오니
근본 마음 화엄세상 그 자리서 법 설함은
부처님의 마음자리 해인삼매 힘이로다.

(화엄법회 온갖 대중)

普賢菩薩 諸大衆
보현보살 제대중
執金剛神 身衆神
집금강신 신중신

세주묘엄 보현보살 함께하는 모든 보살
불법 수호 집금강신 몸이 여럿 신중신과

---

1. 화엄경 약찬게略纂偈는 화엄경 전체 내용을 간략히 정리해서 모아 놓은 게송이다.

足行神衆 족행신중	道場神 도량신	세존 모신 족행신과 도량 맡은 도량신들
主城神衆 주성신중	主地神 주지신	성을 맡은 주성신과 땅을 맡은 주지신들
主山神衆 주산신중	主林神 주림신	산을 맡은 주산신과 숲을 맡은 주림신들
主藥神衆 주약신중	主稼神 주가신	약을 맡은 주약신과 농사 맡은 주가신들

主河神衆 주하신중	主海神 주해신	강을 맡은 주하신과 바다 맡은 주해신들
主水神衆 주수신중	主火神 주화신	물을 맡은 주수신과 불을 맡은 주화신들
主風神衆 주풍신중	主空神 주공신	바람 맡은 주풍신과 허공 맡은 주공신들
主方神衆 주방신중	主夜神 주야신	방위 맡은 주방신과 밤을 맡은 주야신들 (19신중)

主晝神衆 주주신중	阿修羅 아수라	낮을 맡은 주주신과 정진하는 아수라왕
迦樓羅王 가루라왕	緊那羅 긴나라	방편 쓰는 가루라왕 자재하신 긴나라왕
摩喉羅伽 마후라가	夜叉王 야차왕	온갖 방편 마후라가 무진방편 야차왕과
諸大龍王 제대용왕	鳩槃茶 구반다	구름 비를 맡은 용왕 업장 극복 구반다왕
乾達婆王 건달바왕	月天子 월천자	정법 믿는 건달바왕[1] 맑은 달빛 월천자와
日天子衆 일천자중	兜利天 도리천	밝은 햇빛 일천자와 착한 업의 도리천왕
夜摩天王 야마천왕	兜率天 도솔천	선근 닦는 야마천왕 염불 삼매 도솔천왕
化樂天王 화락천왕	他化天 타화천	변화 즐긴 화락천왕 교화 자재 타화천왕
大梵天王 대범천왕	光音天 광음천	광명 비춘 대범천왕 빛과 소리 광음천왕

---

1. 아수라왕부터 건달바왕까지는 천룡天龍팔부를 말한다.

遍淨天王 변정천왕	廣果天 광과천	맑은 하늘 변정천왕 법 펼치는 광과천왕
大自在王 대자재왕	不可說 불가설	걸림 없는 대자재왕 많고 많은 하늘 신들
普賢文殊 보현문수	大菩薩 대보살	보현보살 미간 광명 문수보살 발바닥 빛
法慧功德 법혜공덕	金剛幢 금강당	법혜보살 발가락빛 공덕 발등 금강당과[1]
金剛藏及 금강장급	金剛慧 금강혜	금강 곳간 금강장 및 금강 지혜 금강혜와
光焰幢及 광염당급	須彌幢 수미당	빛난 깃발 광염당과 수미당과 보살 대중
大德聲聞 대덕성문	舍利子 사리자	부처님께 법을 들은 대덕 성문 사리자와
及與比丘 급여비구	海覺等 해각등	비구계를 받은 해각 인연 있는 모든 분들
優婆塞長 우바새장	優婆夷 우바이	남자 신도 우바새와 여자 신도 우바이와
善財童子 선재동자	童男女 동남녀	법 구하는 선재동자 천진스런 동남동녀
其數無量 기수무량	不可說 불가설	그 숫자가 너무 많아 이루 말할 수가 없네.

(53선지식)

善財童子 선재동자	善知識 선지식	법을 찾아 행각하는 선재동자 선지식들
文殊舍利 문수사리	最第一 최제일	그 가운데 지혜 으뜸 문수보살 첫 번째니

---

1. 보현보살이 설법할 때 세존의 미간과 치아 사이에서 광명이 나왔고, 문수보살이 설법할 때는 양쪽 발바닥에서 광명이 나왔으며, 법혜보살이 설법할 때는 양쪽 발가락에서, 공덕림보살이 설법할 때는 양쪽 발등에서, 금강당 보살이 설법할 때는 양쪽 무릎에서 광명이 나왔다고 한다.

德雲海運 덕운해운	善住僧 선주승	차례대로 찾아가는 덕운 해운 선주 비구
彌伽解脫 미가해탈	與海幢 여해당	그 다음은 미가장자 해탈장자 해당 비구
休舍毘目 휴사비목	瞿沙仙 구사선	휴사 여인 승리 깃발 휘장 신선 비목구사
勝熱婆羅 승열바라	慈行女 자행녀	칼산 승열 바라문과 다라니문 자행동녀
善見自在 선견자재	主童子 주동자	지혜 청정 선견 비구 신통 지혜 자재동자
具足優婆 구족우바	明智士 명지사	음식 공급 구족 여인 소원 성취 명지거사
法寶髻長 법보계장	與普眼 여보안	물품 베푼 법보장자 분별없는 보안장자
無厭足王 무염족왕	大光王 대광왕	살벌 방편 무염족왕 어진 방편 대광왕과
不動優婆 부동우바	遍行外 변행외	정법 배운 부동 여인 바른 법의 변행외도
優婆羅華 우바라화	長者人 장자인	부처님을 생각하는 향 만드는 죽향장자
婆施羅船 바시라선	無上勝 무상승	뱃사공인 바시라와 보살행의 무상승과
獅子嚬伸 사자빈신	婆修密 바수밀	사자빈신 비구니와 순수 무욕 바수밀녀
毘瑟祗羅 비슬지라	居士人 거사인	부처님 탑 공양 올린 비슬지라 거사님과
觀自在尊 관자재존	與正趣 여정취	대자대비 관자재와 보시하는 정취보살
大天安住 대천안주	主地神 주지신	꽃과 향의 대천신과 땅을 맡은 주지신과
婆珊婆演 바산바연	主夜神 주야신	중생 어둠 없앤 광명 바산바연 주야신과
普德淨光 보덕정광	主夜神 주야신	두루 덕을 나타내는 깨끗한 빛 주야신과
喜目觀察 희목관찰	衆生神 중생신	중생들을 보살피는 기쁨의 눈 주야신과
普救衆生 보구중생	妙德神 묘덕신	널리 중생 제도하는 묘한 공덕 주야신과
寂靜音海 적정음해	主夜神 주야신	고요함의 소리바다 밤을 맡은 주야신과

守護一切	主夜神	모든 성을 지키면서 깨어 있는 주야신과
수호일체	주야신	
開敷樹華	主夜神	모든 나무 온갖 꽃을 피워 내는 주야신과
개부수화	주야신	
大願精進	力救護	원력으로 정진하여 중생제도 주야신과
대원정진	역구호	
妙德圓滿	瞿婆女	미묘한 덕 묘덕원만 석가족의 구바 여인
묘덕원만	구바녀	
摩耶夫人	天主光	세존 모친 마야부인 하느님 빛 천주광녀
마야부인	천주광	
遍友童子	衆藝覺	깨어 있는 변우동자 온갖 기예 중예동자
변우동자	중예각	
賢勝堅固	解脫長	근심 없는 현승 여인 해탈 주는 견고장자
현승견고	해탈장	
妙月長者	無勝軍	묘한 달빛 묘월 장자 백전백승 무승군과
묘월장자	무승군	
最寂靜	婆羅門者	걸림 없는 변재 가진 최적정인 바라문과
최적정	바라문자	
德生童子	有德女	복과 덕의 복덩어리 덕생동자 유덕동녀
덕생동자	유덕녀	
彌勒菩薩	文殊等	장엄 해탈 미륵보살 마정 수기 문수보살
미륵보살	문수등	
普賢菩薩	微塵衆	크신 원력 보현보살 티끌처럼 많은 대중
보현보살	미진중	

於此法會	雲集來	이 법회로 구름처럼 빠짐없이 모여들어
어차법회	운집래	
常隨	毘盧遮那佛	비로자나 부처님을 언제나 잘 따르기에
상수	비로자나불	

於蓮華藏	世界海	연꽃으로 펼쳐지는 연화장의 세계 바다
어연화장	세계해	
造化莊嚴	大法輪	조화롭게 장엄하며 큰 진리를 펼치면서
조화장엄	대법륜	
十方虛空	諸世界	시방 허공 존재하는 중생들의 온 세계가
시방허공	제세계	
亦復如是	常說法	이와 같이 빠짐없이 늘 언제나 법 설하네.
역부여시	상설법	

六六六四 육육육사	及與三 급여삼	첫째 둘째 셋째 법회 그때마다 여섯 품을 넷째 법회 네 품이고 다섯째는 세 품이라
一十一一 일십일일	亦復一 역부일	여섯째는 한 품이고 일곱째는 열한 품을 여덟째는 한 품이고 아홉째도 한 품이라 아홉 법회 모은 품이 모두 합쳐 서른아홉.

世主妙嚴 세주묘엄	如來相 여래상	세상 주인 '세주묘엄' 그 모습이 '여래현상'
普賢三昧 보현삼매	世界成 세계성	맑은 마음 '보현삼매' 뜻에 따라 '세계성취'
華藏世界 화장세계	盧舍那 노사나	꽃의 장엄 '화장세계' 광명 속의 '노사나품'[1]

如來名號 여래명호	四聖諦 사성제	성스러운 '여래명호' 고집멸도 '사성제품'
光明覺品 광명각품	問明品 문명품	깨달음인 '광명각품' 질문하는 '문명품'과
淨行賢首 정행현수	須彌頂 수미정	맑은 행의 '정행품'과 '현수품'들[2] '승수미정'
須彌頂上 수미정상	偈讚品 게찬품	게송으로 찬탄하는 '수미정상 게찬품'과
菩薩十住 보살십주	梵行品 범행품	법혜보살 '십주품'과 깨끗한 행 '범행품'과
發心功德 발심공덕	明法品 명법품	'초발심 공덕품'과 법을 밝힌 '명법품'과[3]

---

1. 첫 법회 6품의 제목들이다. 39품의 제목들을 '세주묘엄'처럼 작은따옴표로 표시하였다.
2. 두 번째 법회 6품의 제목들이다.
3. 세 번째 법회 6품의 제목들이다.

佛昇夜摩 불승야마	天宮品 천궁품	부처님이 하늘 오른 '불승야마 천궁품'과
夜摩天宮 야마천궁	偈讚品 게찬품	그 하늘서 찬탄하는 '야마천궁 게찬품'과
十行品與 십행품여	無盡藏 무진장	공덕 보살 설법하는 '십행품'과 '십무진장'[1]

佛昇兜率 불승도솔	天宮品 천궁품	부처님이 올라가신 '불승도솔 천궁품'과
兜率天宮 도솔천궁	偈讚品 게찬품	그 하늘서 찬탄하는 '도솔천궁 게찬품'과
十回向及 십회향급	十地品 십지품	금강당의 '십회향품'[2] 금강장의 '십지품'과[3]
十定十通 십정십통	十忍品 십인품	보광명전 세존 보현 '십정' '십통' '십인품'과
阿僧祇品 아승지품	與壽量 여수량	한량없는 '아승지품' 영원한 삶 '여래수량'
菩薩住處 보살주처	佛不思 불부사	보살 머문 '보살주처' 불가사의 '불부사의'
如來十身 여래십신	相海品 상해품	부처님 몸 펼쳐지는 '여래십신 상해품'과
如來隨好 여래수호	功德品 공덕품	좋은 모습 '여래 수호 광명 공덕품'과
普賢行及 보현행급	如來出 여래출	보살행의 '보현행품' 세간에서 '여래출현'[4]
離世間品 이세간품	入法界 입법계	많은 문답 '이세간품'[5] 선재동자 '입법계품'[6]

| 是爲十萬
시위십만 | 偈頌經
게송경 | 이들 모두 십만 게송 가르침이 들어간 법 |
| 三十九品
삼십구품 | 圓滿敎
원만교 | 서른아홉 품이 모두 가르침이 오롯한 법 |

1. 네 번째 법회 4품의 제목들이다.
2. 다섯 번째 법회 3품의 제목들이다.
3. 여섯 번째 법회 십지품 1품의 제목이다.
4. 일곱 번째 법회 11품의 제목들이다.
5. 여덟 번째 법회 이세간품 1품의 제목이다.
6. 아홉 번째 법회 입법계품 1품의 제목이다.

諷誦此經　信受持
풍송차경　신수지

初發心時　便正覺
초발심시　변정각

安坐　如是國土海
안좌　여시국토해

是名　毘盧遮那佛
시명　비로자나불

이 가르침 외우면서 믿고 받아 지닌다면

도를 닦을 마음 낼 때 그 자리서 깨달으리

이와 같은 화엄 국토 그 바다에 편히 앉은

그 이름은 비로자나 부처님이 아니던가.

반야심경 독송

(59쪽 참조)

∘ 불설 소재消災 길상吉祥 다라니[1] ✑

나무 사만다 못다남 아바라지 하다사 사나남

다냐타 옴 카카 카혜 카혜 훔훔 아바라

아바라 바라아바라 바라아바라 디따 디따

디리 디리 빠다 빠다 선지가 시리예 사바하

(3번)

---

1. 부처님께서 설하신 것으로 재앙을 없애고 상서로운 일을 드러내는 진언이다.

◦ 원願 성취 진언 🍃

옴 아모카 살바다라 사다야 시베 훔 (3번)

◦ 보궐補闕 진언 🍃

옴 호로호로 사야모케 사바하 (3번)

(탄백嘆白)[1] 🍃

華嚴聖衆　慧鑑明
화엄성중　혜감명
四洲人事　一念知
사주인사　일념지
哀愍衆生　如赤子
애민중생　여적자
是故我今　恭敬禮
시고아금　공경례

화엄성중 지혜롭게 통찰하면서

중생계의 인간사를 한눈에 알고

자식 같은 중생에게 애틋한 마음

그 모습에 감동 받아 공경하면서

故我一心
고아일심

歸命頂禮
귀명정례

그리하여 제가 지금

몸과 마음 다 바쳐서 지극정성 절합니다.

---

1. 화엄성중의 위엄과 신통력을 찬탄하다.

축원

仰告
앙고

우러러 사뢰옵니다.

華嚴會上 諸大賢聖
화엄회상 제대현성

화엄회상에 모이신 모든 성현께서는

斂垂 憐愍之至情
첨수 연민지지정

저희들을 아끼시는 지극한 마음으로

各放 神通之聖力
각방 신통지성력

신통력의 거룩한 힘을 내려 주시옵소서.

仰蒙 華嚴聖衆
앙몽 화엄성중

화엄성중께서 내려 주신 거룩한 힘으로

加護之聖力
가호지성력

성스러운 보살핌을 받게 하여 주시옵소서.

日日 有千祥之慶
일일 유천상지경

매일 매일 온갖 경사 온 집안에 가득하고

時時 無百害之災
시시 무백해지재

가지가지 나쁜 일들 늘상 없이 편안하며

各其心中 所求所願
각기심중 소구소원

저마다 마음속에 깊이 품은 소원들이

如意圓滿 亨通之大願
여의원만 형통지대원

뜻한 대로 오롯이 성취되기 바라옵니다.

又六根淸淨 四大强健
우육근청정 사대강건

또 몸과 마음이 건강하고 맑고 맑아

身無一切 病苦厄難
신무일체 병고액난

몸에 어떠한 병고나 장애도 없으며

心無一切 貪戀迷惑
심무일체 탐연미혹

어리석은 욕심이나 집착이 없어

各其心中 所願成就
각기심중 소원성취

저마다의 소원을 이루게 하여 주옵소서.

抑願
억원

또한 바라옵건대

東西四方　出入往還
동서사방　출입왕환

동서남북 사방으로 오가는 곳마다

常逢吉慶　不逢災害
상봉길경　불봉재해

늘 경사로운 일만 있고 재해가 없어

官災口舌　三災八難
관재구설　삼재팔난

법과 관련된 구설수나 삼재팔난 및

四百四病　一時消滅
사백사병　일시소멸

온갖 병고가 즉시 없어지길 바라옵니다.

抑願　今日齋者
억원　금일재자

또한 바라옵건대 금일 동참재자와

與合院大衆等
여합원대중등

절에 있는 모든 사부대중의

三障頓除
삼장돈제

모든 업장이 단숨에 제거되고

五福增嵩
오복증숭

온갖 복덕이 많아지기를 원하옵니다.

願諸有情等
원제유정등

바라옵건대 부처님을 따르는 모든 중생들

三業皆淸淨
삼업개청정

신구의 삼업이 모두 다 맑고 깨끗하여

奉持諸佛教
봉지제불교

부처님의 가르침을 받들어 지니게 하옵소서.

和南大聖尊　俱護吉祥
화남대성존　구호길상

지극정성 상서로운 부처님께 귀의합니다.

마하반야바라밀 (3번)

6

영가 천도 의식

❰ 시 련 ❱

(옹호게擁護偈)

奉請十方諸賢聖
봉 청 시 방 제 현 성

梵王帝釋四天王
범 왕 제 석 사 천 왕

伽藍八部神祇衆
가 람 팔 부 신 기 중

不捨慈悲願降臨
불 사 자 비 원 강 림

시방세계 모든 성현 청하옵나니

대범천왕 제석천왕 사대천왕님

가람 수호 팔부신중 모든 성중님

이 자리에 자비로서 강림하소서. 🔔🪷

° 헌좌獻座 진언 🔔

我今敬設寶嚴座
아 금 경 설 보 엄 좌

奉獻一切聖賢前
봉 헌 일 절 성 현 전

願滅塵勞妄想心
원 멸 진 로 망 상 심

速願解脫菩提果
속 원 해 탈 보 리 과

제가 이제 보배 장엄 법석으로써

성현 앞에 마련하여 바치옵나니

남김없이 온갖 번뇌 다 소멸하여

하루속히 깨달음을 얻게 하소서.

옴 가마라 승하 사바하 (3번) 🔔🪷

(다게茶偈) 🪷

今將 甘露茶
금 장 감 로 다

奉獻 觀音前
봉 헌 관 음 전

鑑察 虔懇心
감 찰 건 간 심

저희 이제 공양 올린 맑은 감로차

성스러운 관-세음께 바치옵나니

간절하온 이 마음을 살펴 주시어

願垂 哀納受 원수 애납수	자비로서 애틋하게 받으소서.
願垂 哀納受 원수 애납수	자비로서 애틋하게 받으소서.
願垂慈悲 哀納受 원수자비 애납수	자비로서 애틋하게 받아 주옵소서.

(행보行步 게偈)

移行千里 滿虛空 이행천리 만허공	천리만리 빠짐없이 온 허공을 헤매어도
歸途情忘 到淨邦 귀도정망 도정방	알음알이 다 잊으면 그 자리가 극락정토
三業投誠 三寶禮 삼업투성 삼보례	몸과 마음 지극정성 삼보님께 귀의하니
聖凡同會 法王宮 성범동회 법왕궁	성현 범부 차별 없이 법의 왕궁 모이소서.

(산화락散花落)

나무 대성 인로왕보살, 나무 대성 인로왕보살,
나무 대성 인로왕보살마하살.

(영취게靈鷲偈)

靈鷲拈花示三機 영취염화시삼기	영취산서 법문하다 꽃을 들어 보이면서
肯同浮木接盲龜 긍동부목접맹구	앞 못 보는 중생에게 생명줄을 던져 주니
飮光不是微微笑 음광불시미미소	가섭존자 뜻을 알고 미소 짓지 않았다면
無限淸風付與誰 무한청풍부여수	빛과 소리 맑은 바람 누구에게 전하리오.

(보례普禮 삼보三寶)

普禮 十方常住佛
보례 시방상주불

普禮 十方常住法
보례 시방상주법

普禮 十方常住僧
보례 시방상주승

시방세계 항상 계신 부처님께 절합니다.

시방세계 항상 있는 온갖 법에 절합니다.

시방세계 항상 있는 청정 승가 절합니다.

▐ 대 령 ▌

(목탁 요령을 내리며) 🔔🙏

南無 極樂導師 阿彌陀佛
나무 극락도사 아미타불
극락도사 아미타 부처님께 귀의합니다.

南無 觀音勢至 兩大菩薩
나무 관음세지 양대보살
관음보살 대세지 보살님께 귀의합니다.

南無 大聖引路王 菩薩
나무 대성인로왕 보살
대성 인로왕 보살님께[1] 귀의하옵니다.

(대령對靈 소疏)[2]

(   ) 영가시여,

盖聞
개문
예전부터 듣고 배워 오기를

生死路暗
생사로암
생사의 어두운 길은

憑佛燭而可明
빙불촉이가명
부처님의 광명으로 밝힐 수 있고

苦海波深
고해파심
파도가 심한 고통의 바다는

仗法船而可渡
장법선이가도
반야용선으로 건너간다고 하였습니다.

四生六道 迷眞則
사생육도 미진즉
육도에 윤회하는 중생이 진리를 모른다면

似蟻巡環
사의순환
제자리에 맴돌며 살아가는 개미와도 같고

---

1. 죽은 사람의 영혼을 맞아 극락세계로 가는 길을 인도하는 보살이다.
2. 영가를 마주하고 재를 모시는 연유를 알려주는 부분이다.

八難三途 姿情則
팔난삼도 자정즉

如蠶處繭
여잠처견

삼도팔난 속에서 제멋대로 사는 중생은
고치 안에 들어가 사는 누에와도 같습니다.

傷嗟生死
상차생사

從古至今
종고지금

未悟心源
미오심원

那能免矣
나능면의

아! 생사 속에서
중생들이 예로부터 지금까지
참마음을 깨닫지 못하고 있으니
어찌 윤회의 온갖 고통을 벗어날 수 있겠습니까.

非憑佛力
비빙불력

難可超昇
난가초승

부처님 위엄과 신통력에 의지하지 않는다면
참으로 중생계를 벗어나기 어려운 것입니다.

娑婆世界 大韓民國
사바세계 대한민국

某寺 淸淨水月道場
모사 청정수월도량

對靈 灌浴齋子
대령 관욕재자

某人等 伏爲
모인등 복위

某人靈駕等衆 今則
모인영가등중 금즉

專列香花 以伸迎請
전렬향화 이신영청

사바세계 남섬부주 동양 대한민국
(   ) 청정 바다 달빛 도량에서
영가를 맞이하기 위하여 재자 및
저희들 (   ) 등이 엎드려 청하옵니다.
(   ) 영가 및 모든 영가시여,
오늘 오로지 꽃과 향으로 당신을 맞이하며

南無 一心奉請
나무 일심봉청

大聖引路王菩薩摩訶薩
대성인로왕보살마하살

지극한 마음으로 청하옵니다.

대성 인로왕 보살마하살

右伏
우복

以一靈不昧 八識分明
이일령불매 팔식분명

歸屆道場 領霑功德
귀계도량 영점공덕

陳冤宿債 應念頓消
진원숙채 응념돈소

正覺菩提 隨心便證
정각보리 수심변증

엎드려 바라옵건대 이 정성으로
가는 길에 어둡지 않은 신령스런 영혼이
이 도량에 와서 법회의 공덕을 흠뻑 누리고
전생 원한과 묵은 빚을 단숨에 해결하여
바른 깨달음을 원대로 얻게 하여 주옵소서.

某年 某月 某日
모년 모월 모일

秉法沙門 某 謹疏
병법사문 모 근소

불기 이천오백 (   )년 (   )월 (   )일
금일 법주 사문 (   ) 삼가 아뢰옵니다.

(지옥 게偈)[1] 🔔🎧

鐵圍山間 沃焦山
철위산간 옥초산

火湯爐炭 劒樹刀
화탕노탄 검수도

八萬四千 地獄門
팔만사천 지옥문

仗秘呪力 今日開
장비주력 금일개

철위산 사이사이 불길 가득 옥초산[2] 속
뜨거운 물 끓는 지옥 마그마가 넘친 지옥
칼산지옥 이런 온갖 지옥문이 있사오니
비밀스런 주문으로 오늘 이 문 여옵니다.

(창혼唱魂)[3] 🔔

娑婆世界 大韓民國
사바세계 대한민국

某寺 淸淨水月道場
모사 청정수월도량

사바세계 남섬부주 동양 대한민국
(   ) 청정 바다 달빛 도량에서

---

1. 영가를 제도하기 위하여 지옥문을 여는 게송이다.
2. 옥초는 물을 빨아들이는 돌로, 무간지옥의 불길로 항상 뜨거운 이 돌은 산처럼 커서 옥초산이라 한다.
3. 법회 장소로 영가를 불러들이는 의식이다.

今日 對靈 灌浴齋者
금일 대령 관욕재자

오늘 청정한 영가를 맞이하려는 저희들

某人伏爲 所薦靈駕等
모인복위 소천영가등

(　　　　　) 등이 엎드려 청하옵니다.

(착어着語)[1] 🛎

今日靈駕
금일영가

금일 (　　　　　) 영가시여,

生本無生
생본무생

태어나도 본디 태어나는 것이 없고

滅本無滅
멸본무멸

죽어도 본래 죽는 것이 없는 법이니

生滅本虛
생멸본허

태어나고 죽는 것이 원래 허망한 것으로서

實相常住
실상상주

부처님의 참모습만 이 세상에 상주하는
것입니다.

(　　　　　) 영가시여,

還會得 無生滅低一句麽
환회득 무생멸저일구마

생멸이 없다는 이 한마디를 아시겠습니까?

(잠깐 침묵한 뒤 🛎 3번 조용히 흔들며)

俯仰 隱玄玄
부앙 은현현

굽어보고 우러러보아도 찾아볼 수 없지마는

視聽 明歷歷
시청 명역력

보고 듣는 것이 밝고 밝아 분명한 것입니다.

若也會得
약야회득

이 도리를 아신다면

頓證法身
돈증법신

단번에 법신을 증득하여

---

1. 영가에게 일러 주는 짤막한 법어이다.

永滅飢虛 영멸기허	영원히 굶주림을 면할 것입니다.

其或未然 기혹미연	만일 그러하지 못하다면
承佛神力 승불신력	부처님의 위엄과 신통력으로
仗法加持 장법가지	정법의 힘을 빌리려고 합니다.

赴此香壇 부차향단	영가께서는 향과 꽃으로 장엄한 이곳에 오시어
受我妙供 수아묘공	저희들의 아름다운 법공양을 받고
證悟無生 증오무생	생멸이 없는 도리를 증득하시옵소서.

(진령振鈴 게偈)[1]

以此振鈴 이차진령	伸召請 신소청	요령소리 듣고 오는 영가들을 맞이하니
冥途鬼界 명도귀계	普聞知 보문지	이 소리의 뜻을 아는 영가들은 빠짐없이
願承三寶 원승삼보	力加持 역가지	바라건대 삼보님의 공덕으로 가피 받아
今日今時 금일금시	來赴會 내부회	이 자리에 남김없이 지금 모여 주옵소서.

◦ 보普 소청召請 진언[2]

나무 보보제리 가리다리 다타 아다야 (3번)

---

1. 요령을 흔들면서 읊는 게송이다.
2. 두루 불보살님을 청하는 진언이다.

(   ) 영가시여,

一心奉請
일심봉청

지극한 마음으로 청하옵니다.

實相離名
실상이명

참마음의 실제 모습은 이름 붙일 수도 없고

法身無跡
법신무적

법 자체의 몸도 나타날 자취가 없습니다.

從緣隱現
종연은현

그렇지만 인연 따라 사라지고 나타남이

若鏡像之有無
약경상지유무

거울 속의 그림자가 있다 없다 하는 것과 같고

隨業昇沈
수업승침

업에 따라 윤회하는 것도 우물 속 두레박이

如井輪之高下
여정륜지고하

한 곳에서 오르락내리락 하는 것과 같습니다.

妙變莫測
묘변막측

미묘한 모습의 변화를 헤아릴 수 없겠지만

幻來何難
환래하난

훌쩍 이 자리에 오는 게 어찌 어렵겠습니까.

願我今此
원아금차

바라옵건대 제가 지금

爲薦齋者
위천재자

극락세계로 가실 분을 모시고자 하니

承佛威光
승불위광

(   ) 영가는 부처님의 위엄과 광명으로

來詣香壇
내예향단

향과 꽃으로 장엄한 이 법단에 오시어

受霑法供
수점법공

법공양에 흠뻑 젖어 그 은혜를 받으시옵소서.[1]

---

1. 외로운 영가를 청하다.

香煙請[1]
향연청

향을 사르며 맞이하옵니다. (3번) 🔔

諸靈限盡　致身亡
제령한진　치신망

石火光陰　夢一場
석화광음　몽일장

三魂杳杳　歸何處
삼혼묘묘　귀하처

七魄茫茫　去遠鄉
칠백망망　거원향

모든 영가 수명 다해 가진 몸이 사라지니

번쩍하는 세월 속에 한바탕의 꿈이로세

이 세상을 떠난 영혼 어드메로 갈지 몰라

아득하고 막막하게 허공 속을 떠돈다네.

금일 극락정토로 가시는 (　　　) 영가시여, 🔔

旣受虔請
기수건청

已降香壇
이강향단

放捨諸緣
방사제연

俯歆斯奠
부흠사전

이미 경건한 청을 받아

꽃과 향으로 장엄한 이 자리에 오셨으니

모든 인연을 놓아버리시고

이 공양을 받아 주시옵소서.

(　　　　　) 영가시여, 🔔

一柱淸香
일주청향

正是靈駕　本來面目
정시영가　본래면목

數點明燈
수점명등

正是靈駕　着眼時節
정시영가　착안시절

온몸에 스며드는 한 줄기 맑은 향기는

바로 영가의 본래면목이며

환하게 타오르는 불빛은

바로 영가가 눈을 뜨는 시절입니다.

---

1. 향을 사르며 영가를 청하는 의식이다.

先獻趙州茶
선헌조주다

먼저 조주 스님의 차를 올리옵고

後進香積饌
후진향적찬

그 뒤에 향기로운 법공양을 바치오니

於此物物　還着眼麻
어차물물　환착안마

여기에서 하나하나 깨달아 눈뜨옵소서.

低頭仰面　無藏處
저두앙면　무장처

땅과 하늘을 바라봄에 숨을 곳이 없으니

雲在靑天　水在瓶
운재청천　수재병

푸른 하늘 구름이요 유리병 속 물이로다.

금일 (　　　) 영가시여, 🔔

旣受香供
기수향공

이미 향기로운 공양을 받으시고

己聽法音
이청법음

부처님의 법을 들었으니

合掌專心
합장전심

두 손 모아 지극정성으로

參禮金仙
참례금선

부처님께 예를 올리옵소서.

▐ 관 욕 ▌

(인예引詣 향욕香浴 소疏)[1] 🔔

己憑佛力法力
이빙불력법력

금일 부처님의 법력과

三寶威神之力
삼보위신지력

삼보의 위엄 신통력으로

召請人道 一切人倫
소청인도 일체인륜

맞이하는 영가들이여,

及無主孤魂 有情等衆
급무주고혼 유정등중

보살핌을 받지 못한 외로운 영가들이여,

己屆道場
이계도량

이제 도량에 오셨다면

大衆聲鈸
대중성발

요령과 목탁을 울려 맞이하오니

請迎赴浴
청영부욕

향기로운 욕실로 들어가소서.

반야심경 또는 대비주 독송 🔔📿

(반야심경 59쪽, 대비주 104쪽 참조)

---

1. 관욕은 영가를 목욕시키는 의식이다. 관욕을 위해서는 법당 한쪽에 병풍을 둘러 욕실을 만들고, 영가가 세면하고 목욕할 수 있도록 향을 섞은 따뜻한 물과 양치할 맑은 물 한 그릇과 칫솔, 치약, 비누와 수건 등 세면도구를 준비해야 한다. 그리고 영가에게 입혀 천도할 한지로 만든 옷과, 이 옷을 태울 기와 한 장과 부젓가락, 영가에게 드리는 속옷과 겉옷, 양말이나 버선, 신발 등을 준비한다. 그리고 병풍 앞에는 남성과 여성을 분리해 표시해야 한다. 영가를 맞이할 때, 영단이 아닌 관욕 장소 앞에 별도로 영가를 맞이하는 상을 설치하고, 대령과 관욕을 같이 진행하는 경우도 있다.
   '인예引詣 향욕香浴 소疏'는 부처님의 위엄과 신통력으로 영가를 향기로운 욕실로 모시는 의식이다.

○ 정로淨路 진언[1] 🔔

옴 소싯지 나자리다라 나자리다라 모라다예
자라자라 만다만다 하나하나 훔 바탁 (3번)

(입실入室 게偈)[3] 🔔

一從違背	本心王	한번 본래 마음자리 등진 날부터
일종 위 배	본 심 왕	
幾入三途	歷四生[2]	몇 번이나 삼악도를 윤회했던고
기 입 삼 도	역 사 생	
今日滌除	煩惱染	오늘 번뇌 남김없이 다 씻어내니
금 일 척 제	번 뇌 염	
隨緣依舊	自還鄉	인연 따라 본디 있던 고향 가소서.
수 연 의 구	자 환 향	

가지加持 조욕澡浴[4] 🔔

詳夫	자세히 들여다보면
상 부	
淨三業者	업을 정화하는 깨끗한 삶은
정 삼 업 자	

---

1. 가는 길을 깨끗이 하는 진언이다.
2. 삼도는 지옥·아귀·축생 삼악도를 말하며, 사생은 태생·난생·습생·화생으로 태어나는 중생의 모습을 말한다.
3. 사진과 위패를 병풍 안으로 모시며 낭송하는 게송이다.
4. 법주가 요령을 세 번 울리고 나서 "부처님의 가피로 티끌 번뇌를 씻어냅니다"라고 말하면서 두 손을 모으고 관욕의 뜻을 낭독한 다음, 순서에 따라 영가를 관욕시키는 진언을 차례로 외우면서 결계結界 수인手印을 짓는다.
   ① '목욕 진언'을 할 때는 양손 무명지와 약지를 안으로 깍지 껴서 손바닥 속에 넣되 오른쪽 손이 왼쪽 손을 누르게 하고 두 장지를 펴서 끝을 맞대고 양손 둘째손가락으로는 장지 등을 누르고 두 엄지손가락으로 장지의 가운데 마디를 누른다.
   ② '작 양지 진언'을 할 때는 왼손으로 계인을 맺는데 엄지로 무명지 아래 마디를 누르는 상태로 주먹을 쥔다.
   ③ '수구 진언'을 할 때는 역시 왼손으로 계인을 맺는데 '작 양지 진언' 때 주먹을 쥔 상태에서 장지 무명지 약지의 세 손가락을 편다.
   ④ '세수면 진언'을 할 때는 왼손으로 계인을 맺는데 '작 양지 진언' 때와 같이 하면 된다.

無越乎澄心
무월호징심
마음을 맑히는 것보다 더 좋은 게 없고

潔萬物者
결만물자
온갖 더러운 것을 깨끗이 하는 것은

莫過乎淸水
막과호청수
맑고 깨끗한 물보다 더 나은 게 없습니다.

是以 謹嚴浴室
시이 근엄욕실
이런 까닭에 삼가 욕실에

特備香湯
특비향탕
특별히 향기롭고 따뜻한 물을 준비하여

希一濯於塵勞
희일탁어진로
티끌 번뇌를 한번에 씻고

獲萬劫之淸淨
획만겁지청정
영원한 청정을 얻게 하려 하옵니다.

(목욕沐浴 게偈)[1] 🔔

我今以此 香湯水
아금이차 향탕수
제가 이제 향기로운 따뜻한 물로

灌浴孤魂 及有情
관욕고혼 급유정
외로운 혼 중생의 넋 씻게 하여서

身心洗滌 令淸淨
신심세척 영청정
몸과 마음 때를 벗겨 청정케 하니

證入眞空 常樂鄕
증입진공 상락향
텅 빈 충만 극락정토 들어가소서.

 ◦ 목욕 진언[2] 🔔🎵

옴 바다모 사니사 아모가 아레 훔 (3번)

---

1. 목욕하면서 티끌 번뇌를 씻어내는 게송이다. 여기서 수인을 해야 하는데 이 수인은 법주나 증명법사만이
   할 수 있다. 이때 종두는 관욕쇠를 친다. 상주들에게 관욕단(병풍 안 욕실)을 향해 삼배를 드리도록
   한다.
2. 티끌 번뇌를 씻어내는 진언이다.

∘ 작嚼 양지楊枝 진언[1]

옴 바아라하 사바하 (3번)

∘ 수구漱口 진언

옴 도도리 구로구로 사바하 (3번)

∘ 세수면洗手面 진언

옴 삼만다 바리 숫제 훔 (3번)

가지加持 화의化衣[2]

(　　　) 영가시여,

灌浴旣周
관욕 기주

티끌 번뇌를 이미 다 씻어내

身心俱淨
신심 구정

몸과 마음이 깨끗해졌습니다.

今以如來 無上秘密之言
금이 여래 무상 비밀 지언

이제 부처님의 비밀스런 진언으로

加持冥衣
가지 명 의

가피가 깃든 저승의 옷을 준비합니다.

---

1. '작 양지 진언'은 이를 닦는 진언이다. '수구 진언'은 입을 헹구는 진언이다.
2. 해탈의 옷을 입히려는 부처님 가피 의식을 말한다. 관욕이나 부처님 가피로 해탈의 옷으로 바꾸는 동안 삼밀가지는 정확하게 이루어져야 한다. 관욕을 할 때는 법주와 바라지, 그 외에 각종 진언을 외울 때는 수인을 맺을 증명법사를 모셔야 하는데, 부득이한 경우에는 혼자 진행을 할 수도 있다.
① '화의재 진언'을 할 때는 금강저를 쓰되 없으면 합장을 한다. 해탈의 옷으로 바꾸는 뜻을 알릴 때 법주가 요령을 3번 울린 뒤 혼자 낭독하면 된다. 이때 바라지는 관욕 장소로 들어가 '종이로 만든 옷'에 불을 붙여 깨끗하게 태운다.
② '수의 진언'을 할 때는 오른손으로 결계 수인을 맺는데 엄지로 무명지 가운데 마디를 누르는 형상이다. 왼손으로는 물을 찍어 관욕 장소로 향하여 뿌려주어야 한다.
③ '착의 진언'을 할 때는 양손 엄지로 네 손가락 끝을 누르는 형태로 주먹을 쥔다.
④ '정의 진언'을 할 때는 '해탈 옷을 입는 진언'과 같이 하면 된다.

(　　) 영가시여,

持呪旣周
지주기주
부처님의 다라니가 이미 두루 하여

化衣已遍
화의이변
해탈의 옷이 시방세계에 가득하니

無衣者 與衣覆體
무의자 여의복체
옷이 없는 자에게는 옷을 주어 입게 하고

有衣者
유의자
옷이 있는 이에게도

棄古換新
기고환신
헌옷을 버리고 새 옷을 입게 하였습니다.

將詣淨檀
장예정단
이제 청정한 불단으로 가시려면

先整服飾
선정복식
먼저 의복을 단정히 하셔야 합니다.

◦ 화의재化衣財 진언[1] 🔔

나무 사만다 못다남

옴 바자나 비로기제 사바하 (7번)

願
원
바라옵건대 🔔

此一衣 爲多衣
차일의 위다의
이 한 벌의 옷이 여러 벌이 되고

以多衣 爲無盡之衣
이다의 위무진지의
이 옷들이 끝없이 새로운 옷들이 되어

令稱身形
영칭신형
몸에 꼭 맞도록

不長不短
부장부단
길거나 짧지도 않고

---

1. 해탈의 옷으로 바꾸는 진언이다. 이때 영가 천도를 위하여 준비한 한지로 만든 옷을 사른다.

不窄不寬
불 착 불 관

勝前所服之衣
승 전 소 복 지 의

變成解脫之服
변 성 해 탈 지 복

작거나 크지도 않아

전에 입던 옷보다 훨씬 더 좋은

해탈의 옷이 되게 하옵소서.

故吾佛如來
고 오 불 여 래

有化衣財多羅尼
유 화 의 재 다 라 니

謹當宣念
근 당 선 염

이런 까닭에 부처님에게는

좋은 옷으로 바꾸는 신통 다라니가 있으니

삼가 반드시 마음속에 새겨 두셔야 합니다.

∘ 수의授衣 진언[1]

옴 바리마라 바바 아리니 훔 (3번)

∘ 착의着衣 진언

옴 바아라 바사세 사바하 (3번)

∘ 정의整衣 진언

옴 삼만다 바다라나 바다메 훔 박 (3번)

출욕出浴 **참성**參聖[2]

(　　　) 영가시여,

---

1. 수의 진언은 해탈 옷을 주는 진언이고, 정의 진언은 해탈 옷을 몸에 맞게 정돈하는 진언이다.

2. 욕실을 나와 부처님을 친견하는 '출욕 참성'은 법주가 요령을 세 번 흔들고 나서 혼자 낭독한다. 바라지는 관욕 장소에서 위패를 모시고 나와 재자(상주)에게 건네주어야 한다.

旣周服飾
기주복식

可詣壇場
가예단장

禮 三寶之慈尊
예 삼보지자존

聽 一乘之妙法
청 일승지묘법

請離香浴 當赴淨壇
청리향욕 당부정단

合掌專心
합장전심

徐步前進
서보전진

이제 의복을 반듯이 정돈하였으니

부처님이 계신 곳으로 나아가

삼보의 자비로운 존안에 예를 올리고

부처님의 마음 미묘한 법을 들으시옵소서.

향기로운 욕실에서 청정한 불단으로 나아가

지극한 마음으로 두 손을 모으고

천천히 앞으로 걸어 나가소서.

 ◦ 지단指檀 진언[1] 🔔

옴 예이혜 베로자나야 사바하 (3번)

法身遍滿 百億界
법신변만 백억계

普放金色 照人天
보방김색 조인천

應物現形 潭底月
응물현형 담저월

體圓正坐 寶蓮臺
체원정좌 보련대

南無大聖引路王菩薩
나무대성인로왕보살

광명 법신 백억 세계 가득 차 있어

황금빛이 하늘 인간 두루 비추니

인연 따라 연못 속에 두둥실 뜬 달

그 바탕은 연화대에 그대로 있네.

나무 대성 인로왕보살 (3번) 🔔

---

1. 지단 진언은 불단을 가리키는 진언이다. 이 진언을 할 때는 오른손으로 주먹을 쥔 상태에서 둘째손가락을 펴고 불단을 가리킨다. 이때 바라지는 관욕방에서 영가 사진과 위패를 모시고 나와 상주에게 인계하고 부처님 앞에 선다. 지단 진언이 끝나면 법주, 바라지, 위패를 든 재주 순으로 법성게를 외우며 법당을 돌아 영단에 이른다.

(정중庭中 게偈)[2] 🔔

一步　曾不動
일보　증부동

來向　水雲間
내향　수운간

旣到　阿練若[1]
기도　아란야

入室　禮金仙
입실　예금선

한 걸음도 움직이지 않았지마는

물과 구름 그 사이로 오는 영가여

이 도량에 이미 와서 계시옵기에

법당으로 들어가서 예배하소서.

(개문開門 게偈)[3] 🔔

捲箔　逢彌勒
권박　봉미륵

開門　見釋迦
개문　견석가

三三　禮無上
삼삼　예무상

遊戱　法王家
유희　법왕가

주렴 걷어 미륵 부처 만날 것이며

문을 열자 석가세존 뵙게 되리니

이분들께 아홉 번의 절을 올린 뒤

법왕 집안 그 안에서 즐겨 놀리라.

(예성禮聖)[4] 🔔

上來　爲冥道有情
상래　위명도유정

引入淨壇已竟
인입정단이경

今當禮　奉三寶
금당례　봉삼보

이제 저 세상의 중생들을

청정한 법당으로 인도하였으니

지금 예를 올리며 삼보를 받들어 모셔야 합니다.

---

1. 아란야는 '사람이 없는 한적한 곳', 또는 '사람들과 멀리 떨어진 곳'이니 '수행자들이 머무르기에 적합한 곳'을 말한다.
2. 법당 뜰 앞에서 하는 게송이다. 법당 안에서 대령, 관욕을 하는 경우 법당 뜰 앞에서 하는 게송인 '정중 게'와 법당 문을 여는 게송인 '개문 게'는 생략한다.
3. 법당문을 여는 게송이다.
4. 삼보께 예를 올리다.

(   ) 영가시여,

旣來法會
기래법회

오늘 이 법회에 오시어

得赴香筵
득부향연

향과 꽃으로 맞이하는 법석으로 나아가셨으니

想 三寶之難逢
상 삼보지난봉

만나기 어렵다는 거룩한 삼보를 생각하고

傾 一心而信禮
경 일심이신례

지극정성으로 신심을 일으켜 예를 올리옵소서.

下有 普禮之偈
하유 보례지게

두루 예를 올리는 게송이 있으니

大衆 隨言後和
대중 수언후화

대중들은 함께하소서.

(보례普禮 삼보三寶)

普禮 十方常住 法身
보례 시방상주 법신

시방세계 빠짐없이 항상 계신

報身 化身 諸佛陀
보신 화신 제불타

법신 보신 화신 모든 부처님께 절하옵니다.

普禮 十方常住 經藏
보례 시방상주 경장

시방세계 빠짐없이 항상 있는

律藏 論藏 諸達磨
율장 논장 제달마

경율론 삼장 온갖 법에 절하옵니다.

普禮 十方常住 聲聞
보례 시방상주 성문

시방세계 빠짐없이 항상 있는

緣覺 菩薩 諸僧伽
연각 보살 제승가

성문 연각 보살 청정 승가에 절하옵니다.

(의상조사 법성게를 시작할 때 대중은 모두 법주스님을 따라 법성게를
외우며 법당 안을 두세 바퀴 돌다 영단에 다시 위패와 사진을 모신다.)

의상조사 법성게 🔔📿

法性圓融 無二相
법성원융 무이상
諸法不動 本來寂
제법부동 본래적
無名無相 絶一切
무명무상 절일체
證智所知 非餘境
증지소지 비여경
眞性甚深 極微妙
진성심심 극미묘
不守自性 隨緣成
불수자성 수연성

법의 성품 오롯하여 두 모습 없고
그 자리는 부동이니 본디 고요해
이름 모양 분별없어 모든 게 끊겨
중생들이 알 수 없는 부처님 경계
참 성품은 깊고 깊어 지극히 미묘
자기 성품 집착 없어 인연 따르네.

一中一切 多中一
일중일체 다중일
一卽一切 多卽一
일즉일체 다즉일
一微塵中 含十方
일미진중 함시방
一切塵中 亦如是
일체진중 역여시
無量遠劫 卽一念
무량원겁 즉일념
一念卽是 無量劫
일념즉시 무량겁

하나 속에 모두 있고 모두 속 하나
하나가 곧 모두로서 모두가 하나
한 티끌에 시방 삼세 머금고 있듯
모든 티끌 하나하나 이와 같아서
한량없는 긴 세월도 한마음이니
한마음이 한량없는 세월이라네.

九世十世 互相卽
구세십세 호상즉
仍不雜亂 隔別成
잉부잡란 격별성
初發心是 便正覺
초발심시 변정각
生死涅槃 常共和
생사열반 상공화

중생계와 극락세계 서로를 품고
뒤섞이지 않으면서 독립된 모습.
도를 닦는 마음 낼 때 바로 깨달음
생사 열반 늘 언제나 함께 있으니

理事冥然 이사명연	無分別 무분별
十佛普賢 십불보현	大人境 대인경

이치 현상 그대로 空 분별이 없어
부처님과 보현보살 성인의 경계.

能仁海印 능인해인	三昧中 삼매중
飜出如意 번출여의	不思議 부사의
雨寶益生 우보익생	滿虛空 만허공
衆生隨器 중생수기	得利益 득이익
是故行者 시고행자	還本際 환본제
叵息妄想 파식망상	必不得 필부득

부처님의 해인삼매 그 가운데서
마음대로 불가사의 신통을 펼쳐
온갖 보배 쏟아내니 허공에 가득
중생들의 그릇 따라 이익을 얻고
이 때문에 수행자는 깨닫게 되니
망상 모두 내려놔야 얻게 되는 것.

無緣善巧 무연선교	捉如意 착여의
歸家隨分 귀가수분	得資粮 득자량
以陁羅尼 이다라니	無盡寶 무진보
莊嚴法界 장엄법계	實寶殿 실보전
窮坐實際 궁좌실제	中道床 중도상
舊來不動 구래부동	名爲佛 명위불

집착 없는 좋은 방편 여의주 갖고
깨달음의 역량 따라 법공양 받아
무진 보배 품고 있는 다라니로써
법의 세계 장엄하니 부처님 세상
실제 중도 그 자리에 앉아서 보니
예로부터 변함없는 부처님일세.

(법성게가 끝나면 재자로부터 위패와 영정을 받아
영단에 모시고 삼배를 올린다.)

(   ) 영가시여,

承佛攝受 仗法加持
승불섭수 장법가지

旣無因繫 以臨筵
기무수계 이임 연

願獲消遙 而就座
원획소요 이 취좌

부처님의 보살핌과 법에 의지한 가피로
온갖 속박 벗어나서 이 자리에 오셨으니
편안하고 자유롭게 이 법좌에 앉으소서.

(대중들은 게송을 함께 합송한다.)

我今依教 設華筵
아금 의교 설화연

種種珍羞 列座前
종종진수 열좌전

大小依位 次第坐
대소의위 차 제좌

專心諦聽 演金言
전심체청 연금언

가르침에 의지하여 향과 꽃과 진기한 맛
제가 이제 온갖 장엄 이 자리를 마련하니
높고 낮은 위계대로 차례대로 앉으시고
부처님의 법공양을 마음 모아 들으소서.

° 수위受位 안좌安座 진언[1]

옴 마니 군다니 훔훔 사바하 (3번)

---

1. 편히 자리에 앉게 하는 진언이다.

(헌다獻茶 게偈)[1]

百草林中 백초임중	一味新 일미신

향기로운 온갖 약풀 싱그러운 맛

趙州常勸 조주상권	幾千人 기천인

조주 스님 많은 사람 맛보이고자

烹將石鼎 팽장석정	江心水 강심수

돌솥 안에 맑은 물을 끓여 놓았으니

願使亡靈 원사망령	歇苦輪 헐고륜

망령들이 고통에서 쉬게 하여 주옵소서.

願使孤魂 원사고혼	歇苦輪 헐고륜

외로운 영혼이 고통에서 쉬게 하여 주옵소서.

願使諸靈 원사제령	歇苦輪 헐고륜

모든 영가가 고통에서 쉬게 하여 주시옵소서.

(이 뒤부터는 상단불공과 관음시식으로 이어진다.)

---

1. 차를 올리는 게송이다.

⫴신중작법⫴

(옹호게擁護偈) 🎵

八部金剛　護道場
팔부금강　호도량
空神速赴　報天王
공신속부　보천왕
三界諸天　咸來集
삼계제천　함래집
如今佛刹　補禎祥
여금불찰　보정상

천룡팔부 금강역사 이 도량을 옹호하고
허공 신은 속히 와서 사대천왕 보필하사
이 세상의 모든 천신 빠짐없이 모두 모여
불국토의 상서로운 온갖 장엄 더 하소서.

(거목擧目) 🎵

南無　金剛會上　佛菩薩
나무　금강회상　불보살
南無　忉利會上　聖賢衆
나무　도리회상　성현중
南無　擁護會上　靈祇等衆
나무　옹호회상　영기등중

나무 금강회상 불보살
나무 도리회상 성현중
나무 옹호회상 영기등중

擁護聖衆　滿虛空
옹호성중　만허공
都在毫光　一道中
도재호광　일도중
信受佛語　相擁護
신수불어　상옹호
奉行經典　永流通
봉행경전　영유통
故我一心　歸命頂禮
고아일심　귀명정례

불법 옹호 성중님이 이 허공에 가득한데
한 줄기 빛 그 가운데 모든 분이 계시면서
부처님의 가르침을 항상 믿고 받아들여
빠짐없이 받들면서 영원토록 전파하니
저희 모두 지극정성 마음 모아 절합니다.

(다게茶偈) 🎵

清淨茗茶藥
청정명다약

能除病昏沈
능제병혼침

唯冀擁護衆
유기옹호중

願垂哀納受
원수애납수

願垂哀納受
원수애납수

願垂慈悲哀納受
원수자비애납수

맑고 맑은 좋은 차는 좋은 약이라

모든 병과 아픈 마음 다 없애 줌에

불법 옹호 성중님께 바치옵나니

자비로서 애틋하게 받으소서.

자비로서 애틋하게 받으소서.

자비로서 애틋하게 받으옵소서.

(탄백嘆白)[1] 🎵

帝釋天王　慧鑑明
제석천왕　혜감명

四洲人事　一念知
사주인사　일념지

哀愍衆生　如赤子
애민중생　여적자

是故我今　恭敬禮
시고아금　공경례

제석천왕 지혜로운 통찰력으로

중생계의 인간사를 한눈에 알고

자식 같은 중생에게 애틋한 마음

몸과 마음 다 바쳐서 절하옵니다.

---

1. 화엄성중의 위엄과 신통력을 찬탄하다.

◖지장청◗

(천수경을 독송한 다음 지장보살님께 귀의한다. 천수경 98쪽 참조.)[1]

南無 幽冥敎主 地藏菩薩
나무 유명교주 지장보살

유명교주 지장보살님께 귀의합니다.

南無 南方化主 地藏菩薩
나무 남방화주 지장보살

남방화주 지장보살님께 귀의합니다.

南無 大願本尊 地藏菩薩
나무 대원본존 지장보살

대원본존 지장보살님께 귀의합니다.

◦ 보普 소청召請 진언

나무 보보제리 가리다리 다타 아다야

(3번)

由致
유치

(이 법회를 여는 까닭)

仰惟 地藏 大聖者
앙유 지장 대성자

우러러 지장보살님을 생각해 보니

滿月眞容 澄江淨眼
만월진용 징강정안

두둥실 밝은 얼굴과 맑고 깨끗한 눈

掌摩尼而 示圓果位
장마니이 시원과위

손바닥 마니주로 극락세계 보여주고

蹄蒍蒍而 猶躡因門
제함담이 유섭인문

연꽃 송이처럼 부처님 마음자리에 앉아

普放慈光 常揮慧劍
보방자광 상휘혜검

자비로운 광명으로 늘 지혜검을 휘둘러

---

1. 매월 음력 18일은 지장재일로 지장불공을 드리며, 영반의식이나 특별한 의식을 진행할 수도 있다.

照明陰路 斷滅罪根
조명음로 단멸죄근

倘切歸依 奚遲感應
당절귀의 해지감응

어둠을 밝히고 죄의 뿌리를 끊어 주시니
지극정성 귀의하면 어찌 감응이 더디리오.

是以 娑婆世界 大韓民國
시이 사바세계 대한민국

(住所) 寺院 淸淨之道場
주소 사원 청정지도량

至極至誠 獻供發願齋者
지극지성 헌공발원재자

이 때문에 사바세계 남섬부주 대한민국
(　　　)에 있는 (　　　) 청정 도량에서
지극정성 공양 올리는 발원 재자 (　　　)는

以此 因緣功德
이차 인연공덕

往生 極樂之願
왕생 극락지원

이 인연 공덕으로 허공에 떠도는 영가들이
모두 왕생극락하기를 지극히 발원하옵니다.

以今月今日
이금월금일

虔設法筵 淨饌供養
건설법연 정찬공양

南方化主 地藏大聖
남방화주 지장대성

庶回慈鑑 曲照微誠
서회자감 곡조미성

仰表一心 先陳懇請
앙표일심 선진간청

(　　　)월 (　　　)일 오늘
뜻 이루게 해 주시는 남방화주 보살님께
법의 자리 마련하여 이 공양을 올리므로
자비로서 빠짐없이 이 정성을 살피리니
우러러 지극한 마음으로 간청 하옵니다.

請詞
청사

지장보살님을 청하옵니다. 🔔

南無 一心奉請
나무 일심봉청

慈因積善 誓救衆生
자인적선 서구중생

지장보살 중생제도 지극정성 청하오니
자비로운 선행으로 중생제도 원력 세워

手中金錫　振開地獄之門
수중금석　진개지옥지문
掌上明珠　光攝大千之界
장상명주　광섭대천지계
閻王殿上　業鏡臺前
염왕전상　업경대전
爲南閻浮提　衆生
위남염부제　중생
作個證明功德主
작개증명공덕주
大悲大願　大聖大慈
대비대원　대성대자
本尊地藏王菩薩摩訶薩
본존지장왕보살마하살

육환장을 손에 들어 온갖 지옥 문을 열고
손바닥의 밝은 구슬 대천세계 거둬들여
염라대왕 심판하여 죄 밝히는 업경대 앞
남섬부주 모든 중생 그들 제도하기 위해
이들 선행 증명하여 공덕주가 되어 주는
대자대비 크신 원력 대성자 대원본존
지장대왕 보살님께 지극정성 귀의하옵니다.

唯願慈悲　降臨道場
유원자비　강림도량
受此供養
수차공양

오직 바라옵건대 저희에게 자비를 베풀어
이 도량에 오시어서 공양물을 받으소서.

香花請
향화청

향과 꽃으로 맞이하옵니다. (3번) ✆

掌上明珠　一顆寒
장상명주　일과한
自然隨色　辨來端
자연수색　변래단
機回提起　親分付
기회제기　친분부
暗室兒孫　向外看
암실아손　향외간

손바닥 위 밝은 구슬 시리도록 투명하여
빠짐없이 온갖 업을 그대로 다 드러냄에
뒷날 위해 잘 살아라 몇 번이나 당부하니
어둠 속의 중생들이 밖을 향해 바라보네.

故我一心
고아일심
歸命頂禮
귀명정례

그리하여 제가 지금
몸과 마음 다 바쳐서 지극정성 절합니다.

◦ 헌좌獻座 진언[1] 🔔

妙菩提座 勝莊嚴 묘보리좌 승장엄	아름다운 장식으로 꾸며 놓은 연화대에
諸佛坐已 成正覺 제불좌이 성정각	불보살님 앉자마자 깨달음을 드러내니
我今獻座 亦如是 아금헌좌 역여시	제가 지금 이와 같은 성불 자리 마련하여
自他一時 成佛道 자타일시 성불도	우리 모두 한날한시 부처님 삶 이루리라.

옴 바아라 미나야 사바하 (3번) 🔔🪘

◦ 정淨 법계 진언 🪘

옴 남 (7번, 21번)

(다게茶偈)[2] 🪘

今將 甘露茶 금장 감로다	저희들이 공양 올린 맑고 맑은 감로다를
奉獻 地藏前 봉헌 지장전	성스러운 지장보살 마하살께 바치오니
鑑察 虔懇心 감찰 건간심	저희들의 간절한 이 마음을 살피시어
願垂 哀納受 원수 애납수	자비로운 마음으로 애틋하게 받으소서.
願垂 哀納受 원수 애납수	자비로운 마음으로 애틋하게 받으소서.
願垂慈悲 哀納受 원수자비 애납수	자비로운 마음으로 애틋하게 받아 주옵소서.

---

1. 부처님 자리를 마련하여 앉으시기를 청하는 진언이다.
2. 불보살님 전에 차를 올리는 게송이다.

진언 권공勸供[1] 🔔

香羞羅列 齋者虔誠
향수나열　재자건성

欲求　供養之周圓
욕구　공양지주원

須仗　加持之變化
수장　가지지변화

仰唯三寶　特使加持
앙유삼보　특사가지

향기로운 법공양에 발원 재자 정성 다해
이 공양을 우주법계 가득 가득 채우려면
부처님의 가피로써 오직 가능 하옵나니
삼보께서는 특별히 보살펴 주시옵소서.

南無　常住十方佛
나무　상주시방불

南無　常住十方法
나무　상주시방법

南無　常住十方僧
나무　상주시방승

시방세계 항상 계신 부처님께 귀의하고
시방세계 항상 있는 부처님 법 귀의하며
시방세계 청정 승가 지극정성 귀의하옵니다.

◦ 무량위덕 자재광명 승묘력 변식變食 진언[2] 🔔

**나막 살바다타 아다 바로기제
옴 삼바라 삼바라 훔** (3번)

◦ 시施 감로수 진언 🔔

**나무 소로바야 다타아다야 다냐타 옴
소로소로 바라소로 바라소로 사바하** (3번)

◦ 일자一字 수륜관水輪觀 진언[3] 🔔

옴 밤 밤 밤밤 (3번)

---

1. 공양을 권하는 변식 진언, 시 감로수 진언, 일자 수륜관 진언, 유해 진언 이 네 가지 진언을 말한다.
2. 한량없는 위엄과 덕이 드러나는 자재광명의 힘으로 온갖 것을 향기로운 법공양으로 만드는 진언이다.
3. 진언 한 글자로 바다의 맑디맑은 물처럼 깨끗한 마음이 펼쳐지는 것을 관하는 진언이다.

○ 유해乳海 진언[1] 🔔

나무 사만다 못다남 옴 밤 (3번)

禮懺
예참

(지장보살님께 예를 올리며) 🎧

至心 頂禮 供養
지심 정례 공양

地藏願讚
지장원찬

二十三尊 諸位如來佛
이십삼존 제위여래불

지장보살 크신 원력 찬탄하는 이십삼존
모든 곳에 상주하는 여래 응공 부처님께
몸과 마음 다 바쳐서 공양 올려 절합니다.

至心 頂禮 供養
지심 정례 공양

幽冥教主 地藏菩薩
유명교주 지장보살

지옥 속의 모든 중생 제도하는 지장보살
몸과 마음 다 바쳐서 공양 올려 절합니다.

至心 頂禮 供養
지심 정례 공양

左右補處
좌우보처

道明尊子 無毒鬼王
도명존자 무독귀왕

좌측 보좌 도명존자 우측 보좌 무독귀왕
몸과 마음 다 바쳐서 공양 올려 절합니다.

唯願 地藏大聖 受此供養
유원 지장대성 수차공양

願共法界 諸衆生
원공법계 제중생

自他一時 成佛道
자타일시 성불도

바라건대 지장보살 이 공양을 받음으로
모든 중생 함께 성불하길 원하옵니다. (반배)

○ 보普 공양 진언 🎧

옴 아아나 삼바바 바아라 훔 (3번)

---

1. 중생을 위하여 꿀과 젖이 이 세상에 넘치도록 하는 진언이다.

◦ 보普 회향 진언 🔔

옴 삼마라 삼마라

미만나 사라마하 자거라바 훔 (3번)

◦ 원願 성취 진언[1] 🔔

옴 아모카 살바다라 사다야 시베 훔 (3번)

◦ 보궐補闕 진언[2] 🔔

옴 호로호로 사야모케 사바하 (3번)

(**지장보살 정근**) 🔔

南無 南方化主 大願本尊 地藏菩薩
나무 남방화주 대원본존 **지장보살……**

◦ 지장보살 멸滅 정업定業 진언[3]

옴 바라 마니다니 사바하 (3번)

地藏大聖 威神力 지장대성 위신력	성스러운 지장보살 위엄 신통 그 모든 힘
恒河沙劫 說難盡 항하사겁 설난진	영원토록 말하여도 다 말하기 어려운 것
見聞瞻禮 一念間 견문첨례 일념간	보고 듣고 존경하는 그 마음씨 한 생각에
利益人天 無量事 이익인천 무량사	하늘 인간 온갖 중생 이익된 일 끝이 없네.

---

1. 소원을 성취하는 진언이다.
2. 진언을 하다가 빠트린 진언의 공덕을 보충하는 진언이다.
3. 지장보살의 위엄과 신통력으로 업장을 없애는 진언이다.

축원

仰告 南方化主
앙고 남방화주

大願本尊 地藏菩薩
대원본존 지장보살

不捨慈悲 許垂朗鑑
불사자비 허수낭감

우러러 사뢰옵니다.

남방화주 대원본존 지장보살님이시여

자비로써 저희들을 밝게 살펴 주옵소서.

今此 今日
금차 금일

娑婆世界 大韓民國
사바세계 대한민국

(住所) 寺院 淸淨之道場
주소 사원 청정지도량

至極至誠 獻供發願齋者
지극지성 헌공발원재자

(   )월 (   )일 오늘

사바세계 남섬부주 대한민국

(   )에 있는 (   ) 청정 도량에서

지극정성 공양 올리는 발원 재자 (   )는

以此 因緣功德
이차 인연공덕

地藏大聖 加被之妙力
지장대성 가피지묘력

多劫生來 所作之罪業
다겁생래 소작지죄업

悉皆消滅 不踏冥路
실개소멸 부답명로

卽往生 極樂世界
즉왕생 극락세계

上品 上生之大願
상품 상생지대원

이런 인연 공덕으로 떠도는 영가들이

지장보살 가피 입고 오묘한 힘 그 덕으로

오랜 세월 윤회하며 지어 왔던 온갖 죄업

빠짐없이 소멸되어 어두운 길 가지 않고

곧장 바로 빛과 생명 극락세계 왕생하여

영원한 삶 크신 원력 다 이루게 하옵소서.

以此因緣 念佛功德
이차인연 염불공덕

西方淨土 親見彌陀
서방정토 친견미타

지장보살 염불하며 기린 공덕 인연으로

서방정토 아미타불 부처님을 찾아뵙고

獲蒙諸佛 甘露灌頂
획몽제불 감로관정

부처님의 감로수로 관정수기 받음으로

般若朗智 豁然開悟
반야낭지 활연개오

반야지혜 밝아지고 깨달음을 얻게 하여

得 無生法忍之大願
득 무생법인지대원

생멸 없는 지혜 원력 얻게 하여 주옵소서.

抑願 靈駕爲主
억원 영가위주

바라건대 또한 금일 재 모시는 영가 위해

上逝 先亡父母
상서 선망부모

전생 걸쳐 오랜 세월 부모 되신 모든 인연

多生師長 累代宗親
다생사장 누대종친

많은 삶 속 스승 되고 혈육관계 맺으신 분

弟兄叔伯 姉妹姪孫
제형숙백 자매질손

형제 자매 백부 숙부 조카들과 원근 친척

遠近親戚 列名靈駕
원근친척 열명영가

이름들을 불러주는 이들 모든 영가들과

此道場內外 洞上洞下
차도량내외 통상통하

이 도량의 안팎에서 위아래로 떠다니는

一切 有主無主 孤魂
일체 유주무주 고혼

모든 고혼 남김없이 극락왕생 하옵소서.

(여기까지가 영가를 위한 축원이며, 동참으로 하는 '재'일 경우 형편 따라 법계 영가의 축원도 한다. 이 다음은 발원 재자를 위한 축원이다.)

以此 因緣功德
이차 인연공덕

이런 인연 공덕으로 유명교주 지장보살

佛菩薩加被力
불보살가피력

대원본존 지장보살 불보살님 가피 입어

咸脫三界之苦惱
함탈삼계지고뇌

모두 함께 삼계에서 온갖 고뇌 다 벗어나

往生 往生 願往生
왕생 왕생 원왕생

서방정토 극락세계 왕생하기 원하오니

往生 極樂世界
왕생 극락세계

곧장 바로 빛과 생명 극락정토 왕생하여

上品 上生之大願
상품 상생지대원

영원한 삶 크신 원력 다 이루게 하옵소서.

抑願 今日
억원 금일

(   )월 (   )일 오늘

婆婆世界 大韓民國
사바세계 대한민국

사바세계 남섬부주 동양 대한민국

(住所) 寺院 清淨之道場
주소 사원 청정지도량

(   )에 있는 (   ) 청정 도량에서

至極至誠 獻供發願齋者
지극지성 헌공발원재자

지극정성 공양 올리는 발원 재자 (   )는

以此 因緣功德
이차 인연공덕

이런 인연 공덕으로 허공 속의 영가들이

佛菩薩加被力
불보살가피력

대원본존 지장보살 불보살님 가피 입어

無病長遠 壽命長壽
무병장원 수명장수

영원토록 병이 없이 오래오래 살아가며

福德具足 萬事大吉
복덕구족 만사대길

지혜 복덕 다 갖추어 만사형통 기뻐하고

各其心中 所求所願
각기심중 소구소원

마음속에 바라면서 원하는 바 온갖 일을

如意圓滿成就之大願
여의원만성취지대원

뜻한 대로 빠짐없이 다 이루게 하옵소서.

然後 願
연후 원

그런 뒤에 원하옵기를

恒沙法界 無量佛子
항사법계 무량불자

항사 법계 셀 수 없이 많고 많은 불자들이

同遊華藏 莊嚴海
동유화장 장엄해

모두 함께 꽃의 장엄 화장세계 노니옵고

同入菩提 大道場
동입보리 대도량

깨달음의 도량으로 또한 같이 들어가며

常逢華嚴 佛菩薩
상봉화엄 불보살

언제나 늘 화엄세계 불보살을 만나 뵙고

恒蒙諸佛 大光明
항몽제불 대광명

부처님의 광명 속에 영원토록 살아가며

消滅無量 衆罪障
소멸무량 중죄장

세세생생 지은 죄업 빠짐없이 없어지고

獲得無量 大智慧
획득무량 대지혜

부처님의 밝은 지혜 성취하기 바랍니다.

頓成無上 最正覺
돈성무상 최정각

廣度法界 諸衆生
광도법계 제중생

以報諸佛 莫大恩
이보제불 막대은

世世常行 菩薩道
세세상행 보살도

究竟圓成 薩婆耶
구경원성 살바야

摩訶般若 婆羅密
마하반야 바라밀

한순간에 으뜸가는 깨달음을 이루고선
항사 법계 모든 중생 빠짐없이 제도하여
부처님의 크신 은혜 남김없이 보답하니
세세생생 언제나 늘 보살도를 실천하며
마침내는 모든 것을 아는 지혜 성취하여
부처님의 세상으로 들어가기 바라옵니다.

나무 석가모니불, 나무 석가모니불,
나무 시아본사 석가모니불. ✎

❰ 신중단 퇴공 ❱

以此 淸淨 香雲供
이차 청정 향운공

맑고 맑은 향기로운 법공양 올려

奉獻 擁護 聖衆前
봉헌 옹호 성중전

불법 수호 성중님께 바치옵나니

鑑察 齋者 虔懇心
감찰 재자 건간심

간절하온 이 마음을 살펴 주시어

願垂 哀納受
원수 애납수

자비로서 애틋하게 받으소서.

願垂 哀納受
원수 애납수

자비로서 애틋하게 받으소서.

願垂慈悲 哀納受
원수자비 애납수

자비로서 애틋하게 받아 주옵소서.

(예참禮懺) 🎵

至心 頂禮 供養
지심 정례 공양

화엄회상 불법 수호 욕계 색계 신중님께

華嚴會上 欲色諸天衆
화엄회상 욕색제천중

지극정성 절을 하며 이 공양을 올립니다.

至心 頂禮 供養
지심 정례 공양

화엄회상 불법 수호 사천왕과 팔부신중

華嚴會上 八部四王衆
화엄회상 팔부사왕중

지극정성 절을 하며 이 공양을 올립니다.

至心 頂禮 供養
지심 정례 공양

화엄회상 불법 수호 선한 호법 신중님께

華嚴會上 護法善神衆
화엄회상 호법선신중

지극정성 절을 하며 이 공양을 올립니다.

唯願 유원	오직 바라옵건대
神衆慈悲 擁護道場 신중자비 옹호도량	이 도량을 수호하는 자비로운 신중님들
悉皆受供 發菩提 실개수공 발보리	이 공양을 받으시고 깨달음을 이루시어
施作佛事 度衆生 시작불사 도중생	모든 중생 빠짐없이 제도하여 주옵소서.

∘ 보普 공양 진언 🐚

옴 아아나 삼바바 바아라 훔 (3번)

마하반야 바라밀다 행복으로 가는 지혜 독송

(59쪽 참조)

∘ 원願 성취 진언 🐚

옴 아모카 살바다라 사다야 시베 훔 (3번)

∘ 보궐補闕 진언[1] 🐚

옴 호로호로 사야모케 사바하 (3번)

∘ 보普 회향 진언 🐚

옴 삼마라 삼마라

미만나 사라마하 자거라바 훔 (3번)

---

1. 진언을 하다가 빠트린 진언의 공덕을 보충하는 진언이다.

(화엄성중 정근)

南無　金剛會上　正法擁護　華嚴聖衆
나무　금강회상　정법옹호　**화엄성중**……

華嚴聖衆　慧鑑明
화엄성중　혜감명

四洲人事　一念知
사주인사　일념지

哀愍衆生　如赤子
애민중생　여적자

是故我今　恭敬禮
시고아금　공경례

화엄성중 지혜로운 통찰력으로

중생계의 인간사를 한눈에 알고

자식 같은 중생에게 애틋한 마음

몸과 마음 다 바쳐서 절하옵니다.

축원

우러러 사뢰옵니다. 시방 삼세 삼보시여!
저희를 저버리지 마옵시고 밝게 살펴 주시어,
지금까지 닦아 온 저희 온갖 공덕을
모든 중생에게 빠짐없이 회향하기를 바라옵니다.

사바세계 남섬부주 동양 대한민국 청정 바다
달빛 도량 (   )에서 저희가 오늘 지극정성 예배드리는
발원 재자(齋者) (   ) 및 여기 모인 대중이
청정한 몸과 마음으로 공양 올립니다.
이 인연에서 오는 온갖 공덕으로
모든 불보살님의 가피를 받게 하여 주시옵소서.

이 도량에 모인 대중들이 올리는
사십구재 천도재와 인등 기도, 연등 기도,
백일 기도, 일년 기도, 천일 기도, 생일 기도, 사업 기도,
수능 기도 등 온갖 기도가 성취되어
발원하는 재자 및 저희 모두의
몸과 마음이 늘 평안하기를 바라옵니다.

이 인연 공덕으로

동참재자 지극정성 무릎 꿇고 엎드려서
먼저 가신 부모님의 극락왕생 발원하고
인연 있는 모든 영가 빠짐없이 축원하니
온 세상의 모든 중생 행복하길 바라옵니다.

참선하고 염불하며 경을 보는 수행자는
선정 삼매 들어가서 지혜로운 안목으로
저마다의 마음속에 깊이 품은 원력들이
뜻한 대로 빠짐없이 성취되길 바라옵니다.

부처님 법 인연으로 참회하고 업장 녹여
온갖 병고 벗어나고 넉넉한 삶 누리면서
무병장수 건강하고 자손 모두 번창하여
길이길이 화목하게 살아가길 바라옵니다.

몸과 마음 강건하고 맑고 맑아 순결하여
나와 남을 차별 없이 보시 공덕 지어가니
사는 세상 평화로워 재난 없이 오곡 풍성

나라마다 걱정 없어 태평성대 이루옵소서.

그런 뒤에 원하옵기를

걸림 없는 허공처럼 자유로운 삶을 살며
진흙탕에 물 안 드는 연꽃 같은 마음으로
부처님의 크신 은혜 남김없이 보답하고
세세생생 보살도를 실천하길 바라옵니다.

한순간에 으뜸가는 깨달음을 이루고선
법계 모든 중생들을 빠짐없이 제도하고
마침내는 온갖 것을 아는 지혜 성취하여
부처님의 광명 속에 살아가길 원하옵니다.

나무 석가모니불
나무 석가모니불, 나무 시아본사 석가모니불.

❚관음시식❚

(거불擧佛)

南無 極樂導師 阿彌陀佛
나무 극락도사 아미타불

南無 觀音勢至 兩大菩薩
나무 관음세지 양대보살

南無 大聖引路王菩薩
나무 대성인로왕보살

극락도사 아미타 부처님께 귀의합니다.

관음보살 대세지 보살님께 귀의합니다.

대성 인로왕 보살님께 귀의하옵니다.

(창혼唱魂 3번 흔들며 합장한다.)[1]

사바세계 남섬부주 동양 대한민국 (   ) 청정 수월도량에서 오늘 지극정성으로 (사십구재, 천도재, 백중재)를 맞이하여 청정한 재를 올리는 (행효자, 행효녀) 공덕으로 (영 가)께서 극락정토에 태어나기를 엎드려 비나이다.

또한 전생에 걸쳐 오랜 세월 동안 영가의 스승이 되고 부모가 되었던 분과 종친들 형제 백부 숙부 자매 조카 멀고 가까운 모든 권속까지도 청정한 재를 올리는 이 공덕으로 극락정토에 태어나실 것을 엎드려 비나이다.

---

1. 관음시식의 '시식施食'은 법력이 들어간 음식을 베푼다는 뜻이니 영가를 천도하기 위해 부처님의 법을 일러주는 의식이다. 동참재자는 영단 쪽을 향하여 법사의 안내에 따라 차례로 잔을 올리고 절을 한 뒤, 뒤돌아서 법사에게 예를 올리도록 한다. '창혼'은 영가를 불러 축원하는 것이다.

또한 이 도량 안팎과 위아래에 걸쳐 맴도는 모든 외로운 영혼들과 모든 불자들도 청정한 재를 올리는 이 공덕으로 극락정토에 태어나실 것을 엎드려 비나이다.

(착어着語)

靈源 湛寂
영원 담적
신령스런 근원은 맑고도 고요하여

無古 無今
무고 무금
예전이나 지금이나 다를 게 없으며

妙體 圓明
묘체 원명
미묘한 바탕이 오롯하게 밝으니

何生 何死
하생 하사
어찌 죽고 태어날 일이 있겠습니까.

便是 釋迦世尊
변시 석가세존
이것이 바로 석가세존께서

摩竭 掩關之時節
마갈 엄관지시절
마갈타에서 문을 닫고 사는 시절이며

達摩大師
달마대사
달마 스님이

少林 面壁之家風
소림 면벽지가풍
소림사에서 벽만 바라보던 가풍일 뿐입니다.

所以 泥蓮河側
소이 니련하측
그러므로 니련선하 강가에서 열반할 때

槨示雙趺
곽시쌍부
사라쌍수 관 밖으로 두 발을 보이셨고

蔥嶺途中
총령도중
달마 스님께서 총령 고개를 넘어가며

手携隻履
수휴척리
한 손에 신 한 짝을 들고 간 것입니다.

今日 금일	오늘 이 자리에 오신
(　　)靈駕等 諸佛子 영가등　제불자	(　　　　) 영가와 모든 불자들이시여,

還會得 환회득	맑고도 고요하며
湛寂圓明底 一句麼 담적원명저 일구마	오롯이 밝은 이 도리를 아시겠습니까?

(잠깐 침묵한 뒤 🔔 3번 조용히 흔들며)

俯仰 隱玄玄 부앙 은현현	굽어보고 우러러보아도 찾아볼 수 없지마는
視聽 明歷歷 시청 명역력	보고 듣는 것이 밝고 밝아 분명한 것입니다.

若也會得 약야회득	이 도리를 아신다면
頓證法身 돈증법신	단번에 법신을 증득하여
永滅飢虛 영멸기허	영원히 굶주림을 면할 것입니다.

其或未然 기혹미연	만일 그러하지 못하다면
承佛神力 승불신력	부처님의 위엄과 신통력으로
仗法加持 장법가지	정법의 힘을 빌리려고 합니다.

赴此香壇 부차향단	영가께서는 향과 꽃으로 장엄한 이곳에 오셔
受我妙供 수아묘공	저희들의 아름다운 법공양을 받고

證悟無生 증오무생	생멸이 없는 도리를 증득하시옵소서.

(진령振鈴 게偈)[1]

以此振鈴 이차진령	伸召請 신소청	이 요령소리로 삼가 영가들을 맞이하오니
冥途鬼界 명도귀계	普聞知 보문지	이 소리를 듣고 뜻을 아는 영가들은 모두
願承三寶 원승삼보	力加持 역가지	삼보의 위엄과 신통력으로 가피를 입어
今日今時 금일금시	來赴會 내부회	이 자리에 지금 빠짐없이 모여 주시옵소서.

(착어着語)[2]

오늘 이 자리에 오신

(   )영가와 모든 불자들이시여,

慈光照處 자광조처	蓮花出 연화출	자비로운 빛 속에서 하얀 연꽃 피어나고
慧眼觀時 혜안관시	地獄空 지옥공	지혜로운 안목으로 지옥 고통 사라지며
又況大悲 우황대비	神呪力 신주력	그 위에서 부처님의 대비신주 설해지니
衆生成佛 중생성불	刹那中 찰나중	찰나 순간 모든 중생 빠짐없이 성불하네.

외로운 영혼을 위하여

신묘장구 대다라니를 독송하니

지극한 마음으로 잘 듣고 받아 지니시옵소서.

---

1. 요령을 흔들어 법회에 영가를 청하는 게송이다.
2. 짤막한 법문을 말한다.

신묘장구 대다라니[1] 🔔

나모 라-다나 다라야야 나막알약 바로기제 새바라야 모지사다
바야 마하사다바야 마하가로 니가야 옴 살바 바예수 다라나
가라야 다사명 나막 까리다바 이맘알야 바로기제 새바라 다바
니라간타 나막하리나야 마발다 이사미 살발타 사다남 수반
아예염 살바보다남 바바마라 미수다감 다냐타 옴 아로계 아로가
마지로가 지가란제 혜혜하례 마하모지 사다바 사마라 사마라
하리나야 구로구로 갈마 사다야 사다야 도로도로 미연제 마하
미연제 다라다라 다린나례 새바라 자라자라 마라미마라 아마라
몰제 예혜혜 로계새바라 라아 미사미 나사야 나베사미사미
나사야 모하자라 미사미 나사야 호로호로 마라호로 하례 바나마
나바 사라사라 시리시리 소로소로 못쟈못쟈 모다야 모다야
매다리야 니라간타 가마사 날사남 바라하리나야 마낙 사바하
싯다야 사바하 마하싯다야 사바하 싯다유예 새바라야 사바하
니라간타야 사바하 바라하 목카싱하 목카야 사바하 바나마
하따야 사바하 자가라 욕다야 사바하 상카섭나네 모다나야
사바하 마하라 구타다라야 사바하 바마사간타 이사시체다 가릿
나 이나야 사바하 먀가라 잘마니바 사나야 사바하 **나모 라-다나
다라야야 나막알약 바로기제 새바라야 사바하**[2] (3번)

---

1. 대다라니 또는 반야심경을 대중과 함께 독송한다. 반야심경 59쪽 참조.
2. 대다라니에 이어 다음 쪽 마지막 '나무 대방광불화엄경'까지 목탁으로 빠르게 진행한다.

若人 欲了知	세상에 계시는 모든 부처님
약인 욕료지	
三世 一切佛	우리가 분명히 알고자 하면
삼세 일체불	
應觀 法界性	법계의 성품을 보아야 하니
응관 법계성	
一切 唯心造	모두 다 마음이 만들었을 뿐.
일체 유심조	

◦ 파破 지옥 진언 🔔📿

옴 가라지야 사바하 (3번)

◦ 해解 원결 진언[1] 🔔📿

옴 삼다라 가닥 사바하 (3번)

◦ 보普 소청召請 진언 🔔📿

나무 보보제리 가리다리 다타 아다야 (3번)

나무 상주시방불 나무 상주시방법 나무 상주시방승 (3번)

나무 대자대비 구고구난 관세음보살 (3번)

나무 대방광불화엄경 (3번)

---

1. 원결을 푸는 진언이다.

지극한 마음으로 귀의하며 청하옵니다.

일천 겹의 장엄 보개[2] 손에 들고서

온갖 복덕 꽃목걸이 장엄하시고

극락세계 푸르른 연화대로

영가를 인도하는 큰 성인 인로왕보살이시여,

오직 바라옵건대 자비로 이 도량에 강림하시어

이 법회의 공덕을 증명해 주시옵소서. (3번)

香花請
향화청

향과 꽃으로 맞이하옵니다. (3번) 🔔

修仁薀德 龍神喜
수인온덕 용신희

念佛看經 業障消
염불간경 업장소

如是聖賢 來接引
여시성현 내접인

庭前高步 上金橋
정전고보 상금교

故我一心 歸命頂禮
고아일심 귀명정례

어진 복덕 닦음으로 용신들이 기뻐하고

염불 간경 공덕으로 업장들이 소멸함에

이와 같이 성현들이 직접 와서 맞이하여

문 앞에서 한걸음에 극락세계 올라가니

그리하여 제가 지금 목숨 바쳐 받듭니다.

---

1. 법회 공덕을 증명해 달라고 인로왕보살을 청하다.
2. 불상이나 보살상의 머리 위를 가리는 성스러운 덮개의 일종으로 불교의 장엄거리로 쓰인다.

○ 헌좌獻座 진언 🔔

妙菩提座　勝莊嚴
묘보리좌　승장엄

諸佛坐己　成正覺
제불좌이　성정각

我今獻座　亦如是
아금헌좌　역여시

自他一時　成佛道
자타일시　성불도

아름다운 장식으로 꾸며 놓은 연화대에

불보살님 앉자마자 깨달음을 드러내니

제가 지금 이와 같은 성불 자리 마련하여

우리 모두 한날한시 부처님 삶 이루리라.

옴 바아라 미나야 사바하 (3번) 🔔

(다게茶偈)[1] 🔔

今將　甘露茶
금장　감로다

奉獻　證明前
봉헌　증명전

鑑察　虔懇心
감찰　건간심

저희들이 공양으로 맑고 맑은 감로다를

이 법회를 증명하는 부처님께 바치오니

저희들의 간절한 마음을 살피시어

願垂　哀納受
원수　애납수

願垂　哀納受
원수　애납수

願垂慈悲　哀納受
원수자비　애납수

자비로운 마음으로 애틋하게 받으소서.

자비로운 마음으로 애틋하게 받으소서.

자비로운 마음으로 애틋하게 받아 주옵소서.

(고혼孤魂 청請)[2] 🔔

一心奉請
일심봉청

實相離名
실상이명

지극한 마음으로 청하옵니다.

참마음의 실제 모습은 이름 붙일 수도 없고

---

1. 불보살님 전에 차를 올리는 게송이다.
2. 법주가 요령을 흔들며 집전하면서 외로운 영가를 청한다.

法身無跡
법신무적

법 자체의 몸도 나타날 자취가 없습니다.

從緣隱現
종연은현

若鏡像之有無
약경상지유무

隨業昇沈
수업승침

如井輪之高下
여정륜지고하

그렇지만 인연 따라 사라지고 나타남이
거울 속의 그림자가 있다 없다 하는 것과 같고
업에 따라 윤회하는 것도 우물 속 두레박이
한 곳에서 오르락내리락 하는 것과 같습니다.

妙變莫測
묘변막측

幻來何難
환래하난

미묘한 모습의 변화를 헤아릴 수 없겠지만
훌쩍 이 자리에 오는 게 어찌 어렵겠습니까.

願我今此
원아금차

爲薦齋者
위천재자

承佛威光
승불위광

來詣香壇
내예향단

受霑法供
수점법공

바라옵건대 제가 지금
극락세계로 가실 분을 모시고자 하니
(   ) 영가께서는 부처님의 위엄과 광명으로
향과 꽃으로 장엄한 이 법단에 오시어
법공양에 흠뻑 젖어 그 은혜를 받으시옵소서.

一心奉請
일심봉청

금일 극락정토로 가는 (   ) 영가시여,
지극한 마음으로 청하옵니다.

因緣聚散
인연취산

온갖 인연이 모였다가 흩어지는 것은

今古如然
금고여연

예나 지금이나 변함없이 똑같지만

虛徹廣大　靈通往來
허철광대　영통왕래

텅 빈 신령한 법신은 어디든지 통하니

自在無碍
자재무애

왕래가 자재하여 걸림이 없습니다.

願我今此
원아금차

원하옵건대 제가 지금

至極之精誠
지극지정성

지극정성으로

奉請齋者
봉청재자

(사십구재, 천도재)를 받들어 청하오니

(　　　) 영가께서는

唯願　承佛威光
유원　승불위광

오직 바라옵건대 부처님의 위엄과 광명으로

來詣香壇
내예향단

향과 꽃으로 장엄한 이 법단에 오시어

受霑法供
수점법공

법공양에 흠뻑 젖어 그 은혜를 받으시옵소서.

一心奉請
일심봉청

지극한 마음으로 청하옵니다.

生從何處來
생종하처래

태어날 때 어디에서 오셨으며

死向何處去
사향하처거

죽어서는 어드메로 가십니까?

生也一片　浮雲起
생야일편　부운기

삶이란 한 조각 뜬구름이 이는 것이요

死也一片　浮雲滅
사야일편　부운멸

죽음은 한 조각 뜬구름이 사라지는 것

浮雲自體　本無實
부운자체　본무실

뜬구름 자체가 본디 실체가 없듯이

生死去來 亦如然
생사거래 역여연

생사의 오고감 또한 그런 것입니다.

獨有一物 常獨露
독유일물 상독로

湛然不隨 於生死
담연불수 어생사

오직 그 무엇이 있어 늘 홀로 드러나 맑고
깨끗하여 생사를 따라가지 않을 뿐입니다.

願我今此至極之精誠
원아금차지극지정성

奉請齋者
봉청재자

원하옵건대 제가 지금 지극정성으로
(사십구재, 천도재)를 받들어 청하오니
(   ) 영가께서는

唯願 承佛威光
유원 승불위광

來詣香壇
내예향단

受霑法供
수점법공

오직 바라옵건대 부처님의 위엄과 광명으로
향과 꽃으로 장엄한 이 법단에 오시어
법공양에 흠뻑 젖어 그 은혜를 받으시옵소서.

抑願 靈駕爲主
억원 영가위주

上世 先亡父母
상세 선망부모

多生師長 累代宗親
다생사장 누대종친

弟兄叔伯 姉妹姪孫
제형숙백 자매질손

遠近孫戚 列名靈駕
원근손척 열명영가

바라건대 또한 금일 재 모시는 영가 위해
전생 걸쳐 오랜 세월 부모가 된 모든 인연
많은 삶 속 스승 되고 혈육관계 맺으신 분
형제 백부 숙부 자매 조카들과 원근 친척
이름들을 불러주는 이들 모든 영가들과

此道場內外 洞上洞下
차도량내외 통상통하

有主無主 一切孤魂
유주무주 일체고혼

이 도량의 안팎에서 위아래로 떠다니는
모든 고혼 남김없이 극락왕생 하옵소서.

唯願 承佛威光
유원 승불위광

來詣香壇
내예향단

受霑法供
수점법공

오직 바라옵건대 부처님의 위엄과 광명으로
향과 꽃으로 장엄한 이 법단에 오시어
법공양에 흠뻑 젖어 그 은혜를 받으시옵소서.

香煙請
향연청

향을 사르며 맞이하옵니다. (3번) 🎵

三魂杳杳 歸何處
삼혼묘묘 귀하처

七魄茫茫 去遠鄉
칠백망망 거원향

今日振鈴 伸所請
금일진령 신소청

願赴冥陽 大道場
원부명양 대도량

이 세상을 떠난 영혼 어느 곳에 갈지 몰라
아득하고 막막하게 허공 속을 떠돌기에
오늘 요령 흔들어서 이 자리로 청하오니
바라건대 어둠 밝힌 이 도량에 오시옵소서.

各列位靈駕
각 열 위 영가

上來承佛攝受 仗法加持
상래승불섭수 장법가지

旣無囚繫 以臨筵
기무수계 이임연

願獲逍遙 而就座
원획소요 이취좌

(   ) 영가시여, 🔔

이제까지 부처님과 법에 의지한 가피로
이미 얽매임 없이 이 자리에 오신 것이니
편안하고 자유롭게 이 법좌에 앉으시옵소서.
🎵

我今依教 設華筵
아금의교 설화연

種種珍垂 列座前
종종진수 열좌전

大小位依 次第座
대소위의 차제좌

專心諦聽 演金言
전심체청 연금언

가르침을 따라가며 꽃과 향과 진기한 맛
제가 온갖 장엄으로 이 자리를 마련하니
높고 낮은 위계대로 차례대로 앉으시고
부처님의 법공양을 마음 모아 들으옵소서.

214 한글 법보 염불집

◦ 수위受位 안좌安座 진언 🔔

옴 마니 군다니 훔훔 사바하 (3번)

百草林中 一味新 백초임중 일미신	향기로운 온갖 약풀 싱그러운 맛
趙州常勸 幾千人 조주상권 기천인	조주 스님 많은 사람 맛보이고자
烹將石鼎 江心水 팽장석정 강심수	돌솥 안에 맑은 물을 끓여 놓았으니

願使亡靈 歇苦輪 원사망령 헐고륜	망령들이 고통에서 쉬게 하여 주옵소서.
願使孤魂 歇苦輪 원사고혼 헐고륜	외로운 영혼이 고통에서 쉬게 하여 주옵소서.
願使諸靈 歇苦輪 원사제령 헐고륜	모든 영가가 고통에서 쉬게 하여 주시옵소서.

(풍송가지諷誦加持)[1] 🔔

宣密加持 선밀가지	비밀스런 가피 공덕 말할 것이니
身田潤澤 業火淸凉 신전윤택 업화청량	업의 불길 쉬어지고 몸이 윤택해
各求解脫 각구해탈	저마다가 고통 벗고 해탈하소서.

◦ 무량위덕 자재광명 승묘력 변식變食 진언[2] 🔔

나막 살바다타 아다 바로기제

옴 삼바라 삼바라 훔 (3번)

---

1. '풍송가지諷誦加持'는 읽고 외운 공덕으로 가피를 받는다는 뜻이다.
2. 공양 올린 음식이 법으로 변하게 하는 진언이다.

◦ 시施 감로수甘露水 진언

나무 소로바야 다타아다야 다냐타 옴
소로소로 바라소로 바라소로 사바하 (3번)

◦ 일자一字 수륜관水輪觀 진언

옴 밤 밤 밤밤 (3번)

◦ 유해乳海 진언

나무 사만다 못다남 옴 밤 (3번)

(칭양稱揚 성호聖號)[1]

南無 多寶如來
나무 다보여래

願諸孤魂 破除慳貪
원제고혼 파제간탐

法財具足
법재구족

보배 장엄 다보 부처님께 귀의하오니
외로운 영혼들이 모두 인색한 마음을 버리고
보배로운 법을 다 갖추기를 바라옵니다.

南無 妙色身如來
나무 묘색신여래

願諸孤魂 離醜陋形
원제고혼 이추누형

相好圓滿
상호원만

아름다운 묘색신 부처님께 귀의하오니
외로운 영혼들이 모두 추한 모습을 버리고
아름다운 모습들을 다 갖추기 바라옵니다.

---

1. 성스러운 부처님의 명호를 찬탄하다.

南無 廣博身如來
나무 광박신여래

願諸孤魂 捨六凡身[1]
원제고혼 사육범신

悟虛空身
오허공신

넓고 큰 몸 광박신 부처님께 귀의하오니
외로운 영혼들이 모두 중생의 몸을 버리고
걸림 없는 허공의 몸을 깨닫게 하옵소서.

南無 離怖畏如來
나무 이포외여래

願諸孤魂 離諸怖畏
원제고혼 이제포외

得涅槃樂
득열반락

두려움 없는 이포외 부처님께 귀의하오니
외로운 영혼들이 온갖 두려움에서 벗어나
행복한 삶을 살기를 바라옵니다.

南無 甘露王如來
나무 감로왕여래

願我各各 列名靈駕
원아각각 열명영가

咽喉開通 獲甘露味
인후개통 획감로미

단 이슬 감로왕 부처님께 귀의하오니
제가 이름 부른 영가들이 모두 빠짐없이
시원하게 감로수 법 맛보기를 원하옵니다.

願此 加持食
원차 가지식

普遍 滿十方
보변 만시방

食者 除飢渴
식자 제기갈

得生 安養國
득생 안양국

원하옵건대 법공양의 큰 가피가
시방세계 빠짐없이 두루 하여서
갈증과 굶주림에서 벗어난 영가가
모두 다 극락정토 가기를 바라옵니다.

∘ 시施 무차법식無遮法食 진언[2]

옴 목역능 사바하 (3번)

---

1. 육범은 육도에 윤회하고 있는 중생을 말한다.
2. 모든 영가를 차별하지 않고 법공양을 베푸는 진언이다.

○ 보普 공양 진언 🔔🌰

옴 아아나 삼바바 바아라 훔 (3번)

○ 보普 회향 진언 🔔🌰

옴 삼마라 삼마라

미만나 사라마하 자거라바 훔 (3번)[1]

(공양供養 찬讚)[3] 🔔

受我 수아	此法食 차법식	이 자리에서 저희 법공양을 다 받았으니
何異 하이	阿難饌[2] 아난찬	아난의 시식과 어찌 다를 바 있겠습니까
飢腸 기장	咸飽滿 함포만	법에 대한 굶주림이 사라지고 배가 부르니
業火 업화	頓淸凉 돈청량	법의 가피로 업의 불길이 단번에 시원해집니다.

頓捨 돈사	貪嗔癡 탐진치	바로 탐욕과 성냄 어리석음을 버리고
常歸 상귀	佛法僧 불법승	언제나 불법승 삼보에 귀의하오니
念念 염념	菩提心 보리심	생각마다 하나하나 부처님의 마음이요
處處 처처	安樂國 안락국	가는 곳마다 극락정토만 있을 뿐입니다.

---

1. 여기서 재주는 숭늉을 올리고 밥을 떠서 세 번 숭늉 그릇에 덜어 넣고는 목탁 또는 요령을 사용하여 공양을 찬탄한다.
2. 아난이 아귀와의 전생 업연으로 머리가 아팠는데 시식施食을 베풀어 병을 고쳤다는 일화가 있다.
3. 공양 공덕을 찬탄하다.

(금강경 사구게)

凡所有相 皆是虛妄
범소유상 개시허망

若見諸相非相
약견제상비상

卽見如來
즉견여래

무릇 온갖 모습은 다 허망하니

허망한 모습에서 참모습을 보면

그 자리에서 곧 여래를 볼 것입니다.

여래 십호十號[1]

**여래 응공 정변지 명행족 선서 세간해
무상사 조어장부 천인사 불세존** (3번)

(법화경 사구게)

諸法 從本來
제법 종본래

常自 寂滅相
상자 적멸상

佛子 行道已
불자 행도이

來世 得作佛
내세 득작불

온갖 법은 본디부터

늘 고요한 모습이니

불자들이 이를 알면

부처님이 될 것일세.

(열반경 사구게)

諸行無常
제행무상

是生滅法
시생멸법

生滅滅已
생멸멸이

寂滅爲樂
적멸위락

세월 속에 흐르는 법 모두 변하여

빠짐없이 생멸하는 법이 되지만

생멸하는 인연법이 사라진다면

적멸로서 그 자체가 즐거움이네.

---

1. 부처님의 열 가지 명호를 말한다.

(장엄염불 게송)[1]

願我盡生　無別念
원아진생　무별념
아미타불 부처님만 따라가리니

제가 이 생 다하도록 오직 한마음

阿彌陀佛　獨相隨
아미타불　독상수
아미타불 부처님만 따라가리니

心心常係　玉毫光
심심상계　옥호광
마음은 늘 옥호광명 속에 들어가

念念不離　金色相
염념불리　금색상
생각마다 황금빛 몸 떠나질 않네.

我執念珠　法界觀
아집염주　법계관
제가 이제 염주 들고 법계를 봄에

虛空爲繩　無不貫
허공위승　무불관
허공에서 내려 보니 모든 것 보여

平等舍那　無何處
평등사나　무하처
노사나불 어디인들 아니 계실까

觀求西方　阿彌陀
관구서방　아미타
서방정토 아미타불 눈앞에 있네.

南無　西方大敎主
나무　서방대교주
극락세계 교주에게 귀의하오니

無量壽　如來佛
무량수　여래불
무량수불 영원한 빛 영원한 생명

南無　阿彌陀佛
나무　아미타불
아미타불 부처님께 귀의합니다.

阿彌陀佛　在何方
아미타불　재하방
아미타불 부처님이 어느 곳에 계신가를

着得心頭　切莫忘
착득심두　절막망
마음속에 아로새겨 결코 잊지 말지어다

念到念窮　無念處
염도염궁　무념처
생각하다 모든 생각 끊어진 곳 도달하면

六門常放　紫金光
육문상방　자금광
몸에서 늘 세상 밝힐 금빛광명 놓으리라.

---

1. 장엄염불은 필요에 따라 적당히 가감할 수 있다. 게송이 끝날 때마다 '나무아미타불' 후렴을 길게 넣어준다.

青山疊疊　彌陀窟
청산첩첩　미타굴
滄海茫茫　寂滅宮
창해망망　적멸궁
物物拈來　無罣礙
물물염래　무가애
幾看松亭　鶴頭紅
기간송정　학두홍

겹겹으로 푸른 산들 아미타불 법당이요
아득하게 너른 바다 적멸보궁 도량이라
온갖 경계 부딪쳐도 걸림 없는 마음이니
솔 정자에 학의 머리 붉은 점을 보았느냐.

極樂堂前　滿月容
극락당전　만월용
玉毫金色　照虛空
옥호금색　조허공
若人一念　稱名號
약인일념　칭명호
頃刻圓成　無量功
경각원성　무량공

극락전 앞 아미타불 보름달과 같은 모습
옥호광명 황금빛이 허공 가득 비추나니
누구라도 마음 모아 아미타불 부른다면
순식간에 깨달아서 무량공덕 이루리라.

三界猶如　汲井輪
삼계유여　급정륜
百千萬劫　歷微塵
백천만겁　역미진
此身不向　今生度
차신불향　금생도
更待何生　度此身
갱대하생　도차신

삼계윤회 도는 모습 두레박의 신세 같아
백천만겁 오랜 세월 번뇌 속에 살았기에
이내 몸을 금생에서 제도하지 않는다면
다시 어느 생을 받아 이내 몸을 제도하리.

刹塵心念　可數知
찰진심념　가수지
大海中水　可飮盡
대해중수　가음진
虛空可量　風可繫
허공가량　풍가계
無能盡說　佛功德
무능진설　불공덕

많은 국토 티끌 수의 낱낱 마음 알 수 있고
넓은 바다 그 바닷물 남김없이 마시면서
허공 크기 잴 수 있고 부는 바람 잡아매도
부처님의 크신 공덕 다 말할 수 없었다네.

山堂靜夜 坐無言
산당정야 좌무언
산사에서 조용한 밤 말이 없이 앉았더니

寂寂廖廖 本自然
적적요요 본자연
평온하고 고요하여 본디 자연 그대로라

何事西風 動林野
하사서풍 동임야
무슨 일로 서쪽 바람 숲속으로 불어오나

一聲寒雁 唳長天
일성한안 여장천
쇠기러기 우는 소리 저 하늘에 시리도다.

報化非眞 了妄緣
보화비진 요망연
보신 화신 그조차도 알고 보면 거짓 인연

法身淸淨 廣無邊
법신청정 광무변
법신이라 그지없이 맑디맑은 마음자리

千江有水 千江月
천강유수 천강월
일천 강물 그 속에서 떠오르는 밝은 달빛

萬里無雲 萬里天
만리무운 만리천
구름 한 점 없이 내내 끝이 없는 푸른 하늘.

天上天下 無如佛
천상천하 무여불
하늘 위나 하늘 아래 부처님이 으뜸이니

十方世界 亦無比
시방세계 역무비
시방세계 둘러봐도 이런 분은 전혀 없고

世間所有 我盡見
세간소유 아진견
이 세상의 모든 이를 내가 모두 보았지만

一切無有 如佛者
일체무유 여불자
부처님과 같은 분은 찾을 수가 없었다네.

世尊當入 雪山中
세존당입 설산중
세존께서 설산 속에 수행하러 들어가서

一坐不知 經六年
일좌부지 경육년
한번 앉아 육년 세월 가는 줄을 몰랐다가

因見明星 云悟道
인견명성 운오도
어느 새벽 밝은 별빛 보는 순간 깨달으니

言詮消息 徧三千
언전소식 변삼천
부처님의 가르침이 삼천세계 가득하네.

圓覺山中 生一樹
원각산중 생일수

開花天地 未分前
개화천지 미분전

非靑非白 亦非黑
비청비백 역비흑

不在春風 不在天
부재춘풍 부재천

원각산에 자라나는 나무 있어 그 가지에
꽃이 피니 하늘과 땅 갈라지기 전이라네
푸르지도 하얗지도 검은색도 아니지만
봄바람도 하늘에도 존재하지 않는구나.

千尺絲綸 直下垂
천척사륜 직하수

一波纔動 萬波隨
일파재동 만파수

夜靜水寒 魚不食
야정수한 어불식

滿船空載 月明歸
만선공재 월명귀

천길 되는 낚싯줄을 곧게 바로 드리움에
한 물결이 출렁이자 온갖 물결 따라 이니
고요한 밤 물이 차고 고기 입질 없으므로
텅 빈 배에 밝은 달빛 가득 싣고 돌아오네.

願共法界 諸衆生
원공법계 제중생

同入彌陀 大願海
동입미타 대원해

盡未來際 度衆生
진미래제 도중생

自他一時 成佛道
자타일시 성불도

원하오니 이 법계의 모든 중생 빠짐없이
모두 함께 아미타불 원력 바다 들어가서
오는 세상 다하도록 중생들을 제도하여
모든 중생 한날한시 부처님 삶 이루소서.

나무 서방정토 극락세계 삼십육만억 일십일만 구천오백
　　동명동호 대자대비 아미타불

나무 서방정토 극락세계 불신장광 상호무변 금색광명
　　변조법계 사십팔원 도탈중생 불가설 불가설전 불가설
　　항하사 불찰미진수 도마죽위 무한극수 삼백육십만억
　　일십일만 구천오백 동명동호 대자대비 아등도사
　　금색여래 아미타불[1]

나무 문수보살 나무 보현보살 나무 관세음보살 나무 대세지보살
나무 금강장보살 나무 제장애보살 나무 미륵보살 나무 지장보살
나무 일체청정 대해중보살마하살

願共法界 諸眾生 원공법계　제중생	원하오니 이 법계의 모든 중생 빠짐없이
同入彌陀 大願海 동입미타　대원해	모두 함께 아미타불 원력 바다 들어가소서.

(발원發願 게偈)

十方三世佛 阿彌陀第一 시방삼세불　아미타제일	시방삼세 부처님 중 아미타불 제일이니

---

1. 원문은 다음과 같다.

　　南無　西方淨土　極樂世界　三十六萬億　一十一萬　九千五百　同名同號　大慈大悲　阿彌陀佛　南無　西方淨土　極樂世界
　　佛身長廣　相好無邊　金色光明　遍照法界　四十八願　度脫眾生　不可說　不可說轉　不可說　恒河沙　佛刹微塵數　稻麻竹葦
　　無限極數　三百六十萬億　一十一萬　九千五百　同名同號　大慈大悲　我等導師　金色如來　阿彌陀佛

九品度中生　威德無窮極
구품도중생　위덕무궁극

중생제도 하는 방편 위엄복덕 끝이 없네.

我今大歸依　懺悔三業罪
아금대귀의　참회삼업죄

凡有諸福善　至心用回向
범유제복선　지심용회향

제가 지금 귀의하여 지은 죄를 참회하고
갖고 있는 온갖 복덕 지극정성 회향하리.

願同　念佛人
원동　염불인

盡生　極樂國
진생　극락국

見佛　了生死
견불　요생사

如佛　度一切
여불　도일체

몸과 마음 다 바쳐서 지극정성 원하오니
염불하는 사람 모두 극락정토 태어나서
부처님을 만나 뵙고 모든 생사 끝내고선
부처님이 그러하듯 모든 중생 제도하리.

(왕생往生 계게偈)[1]

願我臨欲　命終時
원아임욕　명종시

盡除一切　諸障礙
진제일체　제장애

面見彼佛　阿彌陀
면견피불　아미타

卽得往生　安樂刹
즉득왕생　안락찰

원하오니 저의 목숨 끊어질 적에
남김없이 모든 장애 다 제거하여
눈앞에서 아미타불 바로 만남에
그 자리서 극락정토 왕생하리라.

願以此功德　普及於一切
원이차공덕　보급어일체

我等與衆生　當生極樂國
아등여중생　당생극락국

同見無量壽　皆共成佛道
동견무량수　개공성불도

원하오니 이 공덕이 모든 곳에 널리 퍼져
저와 같은 모든 중생 극락세계 태어나서
아미타불 만나 뵙고 모두 성불하옵소서.

---

1. 극락정토에 날 것을 기원하는 게송이다. 곧 왕생을 비는 게송이다.

오늘 사바세계 남섬부주 동양 대한민국 (   ) 청정 수월도량
에서 지극한 마음으로 (   )에 거주하는 재자 및 동참불자
(   )는 먼저 가신 불자 (   )영가의 (   )재를 맞이하여
위패를 봉안하옵니다.

(봉안奉安 게偈)[1]

生前有形質　死後無蹤迹   죽고 나니 생전 모습 어디에도 흔적 없네
생전유형질　사후무종적

請入法王宮　安心坐道場   법왕 궁전 들어가서 편안하게 쉬옵소서.
청입법왕궁　안심좌도량

---

1. 위패를 봉안하는 게송이다. 위패를 태우고 탈상할 때에는 장엄염불 후 봉송 게로 넘어간다.

봉송奉送 편篇[1]

(봉송奉送 게偈)[2] 🔔

奉送孤魂 泊有情	외로운 영가와 빠짐없이 모든 중생의 영가
봉송고혼 계유정	
地獄餓鬼 及傍生	지옥 아귀 축생의 영가까지 함께 보내드리오니
지옥아귀 급방생	
我於他日 建道場	제가 어느 날 청정 수월도량을 세우게 되면
아어타일 건도량	
不違本誓 還來赴	본디 원력 저버리지 마옵시고 다시 오시옵소서.
불위본서 환래부	

(봉송奉送 소疎)[3]

오늘 (　　　) 영가시여,

그리고 동참하신 여러 영가들이시여,

부처님의 법력에 힘입어 이 자리에 강림하셔서

법공양을 한껏 받으시고 거룩한 법문을 기쁘게 들었으니,

이제 다시 서쪽으로 10만억 국토를 지나 아미타 부처님이

계신 극락세계로 향해 길 떠날 차비를 하시옵소서.

이 세상에서 못다 한 미련들은 하나도 남겨놓지 마옵시고

극락세계로 들어가 생멸이 없는 부처님의 법을 누리옵소서.

---

1. 극락세계로 보내는 의식인데, 위패를 절에 모실 때는 봉송 게와 법성게를 하고 마친다.
2. 봉송 게가 끝나면 상주에게 위패, 향로, 촛대를 들게 하고 대중과 함께 부처님을 향한다.
3. '봉송奉送 소疎'에서는 두 손 모아 합장하고 영단을 향해 극락세계로 가는 연유를 설명한다.

남아 있는 유족 모두 건강하고 복되도록 보살펴 주시고
그들 모두 불법에 대한 신심이 더욱 돈독해져서
항상 바르고 떳떳하게 살도록 보살펴 주시옵소서.

이제 떠나기에 앞서
당신을 흠모하는 유족들의 인사를 받고
영가님 자신도 삼보 전에 하직 인사를 드릴 차례이니
다음 법요에 귀를 기울이소서.

(봉송奉送 게偈)[1] 🔔

今日 所薦 靈駕等
금일 소천 영가등

旣受香供 已聽法音
기수향공 이청법음

今當 奉送
금당 봉송

奉謝 三寶
봉사 삼보

금일 극락정토로 가실 (   ) 영가 불자시여
향기로운 공양으로 부처님 법 들었기에
이 공덕으로 극락정토 가게 되는 것이오니
몸과 마음 다 바쳐서 삼보께 감사드리옵소서.

(보례普禮 삼보三寶)[2] 🔔👏

普禮 十方常住佛
보례 시방상주불

普禮 十方常住法
보례 시방상주법

시방삼세 상주하는 부처님께 귀의합니다.
시방삼세 상주하는 부처님 법 귀의합니다.

---

1. 봉송 게에 따라 모두 삼배를 한다. 상주와 재자들은 위패와 사진, 촛대, 향로, 옷 등을 들고 부처님을 향하여 서고 참석자는 모두 일어서서 합장한다.
2. 두루 시방세계 삼보님께 절을 올리며 귀의한다는 뜻이다.

普禮 十方常住僧 보례 시방상주승	시방삼세 상주하는 청정 승가 귀의합니다.

(행보行步 게偈)[1] 🔔🪈

移行千里 滿虛空 이행천리 만허공	빠짐없이 천리만리 온 허공을 헤매어도
歸途情忘 到淨邦 귀도정망 도정방	알음알이 다 잊으면 그 자리가 극락정토
三業投誠 三寶禮 삼업투성 삼보례	몸과 마음 정성들여 삼보님께 귀의하니
聖凡同會 法王宮 성범동회 법왕궁	성현 범부 차별 없이 법의 왕궁 모이소서.

(산화락散花落)[2] 🔔🪈

나무 대성 인로왕보살,

나무 대성 인로왕보살,

나무 대성 인로왕보살 마하살.

(법당 안에서 천도의식을 끝마치면 법성게를 다 함께 독송하며 소대燒臺까지 간다. 법성게 178쪽 참조.)

---

1. 걸어 다니는 그 자리에서 알음알이만 없어지면 정토라는 의미의 게송이다.
2. 꽃을 흩날리게 뿌리면서 진행하는 의식이다.

의상조사 법성게 🔔

法性圓融 無二相 법성원융 무이상	법의 성품 오롯하여 두 모습 없고
諸法不動 本來寂 제법부동 본래적	그 자리는 부동이니 본디 고요해
無名無相 絶一切 무명무상 절일체	이름 모양 분별없어 모든 게 끊겨
證智所知 非餘境 증지소지 비여경	중생들이 알 수 없는 부처님 경계
眞性甚深 極微妙 진성심심 극미묘	참 성품은 깊고 깊어 지극히 미묘
不守自性 隨緣成 불수자성 수연성	자기 성품 집착 없이 인연 따르네.

一中一切 多中一 일중일체 다중일	하나 속에 모두 있고 모두 속 공성(空性)
一卽一切 多卽一 일즉일체 다즉일	하나가 곧 모두로서 모두가 하나
一微塵中 含十方 일미진중 함시방	한 티끌에 시방 삼세 머금고 있듯
一切塵中 亦如是 일체진중 역여시	모든 티끌 하나하나 이와 같아서
無量遠劫 卽一念 무량원겁 즉일념	한량없는 긴 세월도 한마음이니
一念卽是 無量劫 일념즉시 무량겁	한마음이 한량없는 세월이라네.

九世十世 互相卽 구세십세 호상즉	중생계와 극락세계 서로 품으며
仍不雜亂 隔別成 잉부잡란 격별성	뒤섞이지 않으면서 독립된 모습.
初發心是 便正覺 초발심시 변정각	도를 닦는 마음 낼 때 바로 깨달음
生死涅槃 常共和 생사열반 상공화	생사 열반 늘 언제나 함께 있으니

理事冥然 이사명연	無分別 무분별	이치 현상 그대로 공(空) 분별이 없어
十佛普賢 십불보현	大人境 대인경	부처님과 보현보살 성인의 경계.

能仁海印 능인해인	三昧中 삼매중	부처님의 해인삼매 그 가운데서
飜出如意 번출여의	不思議 부사의	마음대로 불가사의 신통을 펼쳐
雨寶益生 우보익생	滿虛空 만허공	온갖 보배 쏟아내니 허공에 가득
衆生隨器 중생수기	得利益 득이익	중생들의 그릇 따라 이익을 얻고
是故行者 시고행자	還本際 환본제	이 때문에 수행자는 깨닫게 되니
巨息妄想 파식망상	必不得 필부득	망상 모두 내려놔야 얻게 되는 것.

無緣善巧 무연선교	捉如意 착여의	집착 없는 좋은 방편 여의주 갖고
歸家隨分 귀가수분	得資粮 득자량	깨달음의 근기 따라 공양을 받아
以陁羅尼 이다라니	無盡寶 무진보	무진 보배 품고 있는 다라니로써
莊嚴法界 장엄법계	實寶殿 실보전	법의 세계 장엄하니 부처님 세상
窮坐實際 궁좌실제	中道床 중도상	실제 중도 그 자리에 앉아서 보니
舊來不動 구래부동	名爲佛 명위불	예로부터 변함없는 부처님일세.

(소대燒臺 의식)[1] 🔔

今此　至極精誠 금차　지극정성		이제 지극정성 재를 끝내고 영가들을
奉送齋者　伏爲 봉송재자　복위		극락세계로 저희들이 모시려고 하옵니다.

---

1. 재齋를 지내고 난 뒤에 옷가지, 작은 깃발, 위패 따위를 불사르는 의식이다.

今日　靈駕爲主
금일　영가위주

亡逝先亡　曠劫父母
망서선망　광겁부모

多生師長　累代宗親
다생사장　누대종친

弟兄叔伯　姉妹姪孫
제형숙백　자매질손

遠近親戚
원근친척

此道場內外　洞上洞下
차도량내외　통상통하

有主無主　雲集狐魂
유주무주　운집고혼

一切哀魂　等衆
일체애혼　등중

各　列名靈駕
각　열명영가

上來　施食諷經　念佛功德
상래　시식풍경　염불공덕

離妄緣耶　不離妄緣耶
이망연야　불리망연야

금일 재를 모시는 영가를 위해
전생 오랜 세월에 걸쳐서 부모가 되고
많은 삶 속에서 스승이 되고 혈육이 된 분
형제 백부 숙부 자매 조카 원근 친척 등

또한 이 도량 안팎 위아래로 걸쳐 맴돌며
허공 속에 떠도는 외로운 많은 영혼들과
슬픔을 간직하고 있는 영가 및 불자 등
이름들을 불러주는 이들 모든 영가시여
지금까지 경을 읽고 염불한 공덕으로
이 세상의 허망한 인연을 여의셨는지요.

離妄緣卽
이망연즉

極樂佛刹　任性逍遙
극락불찰　임성소요

不離妄緣卽
불리망연즉

且聽山僧　末後一偈
차청산승　말후일게

허망한 인연을 떠났다면
극락정토 부처님과 함께 노닐 것이요
허망한 인연을 아직 벗어나지 못했다면
제가 일러주는 게송을 잘 들으십시오.

四大各離　如夢中
사대각리　여몽중

六塵心識　本來空
육진심식　본래공

欲識佛祖　回光處
욕식불조　회광처

지수화풍 흩어져서 죽는 것은 꿈과 같아
몸과 마음 알고 보면 본디부터 텅 빈 충만
부처님과 조사 스님 마음자리 알겠느냐

日落西山　月出東
일락서산　월출동

서산으로 해가 지니 동산에서 달이 뜨네.

(　　　) 영가시여, 🔔📿

念　十方三世一切佛
염　시방삼세일체불

시방삼세 부처님을 생각하시고

念　諸尊菩薩摩訶薩
염　제존보살마하살

시방삼세 보살님을 생각하시며

念　摩訶般若波羅蜜
염　마하반야바라밀

늘 마음에 마하반야 품으옵소서.

願往生　願往生
원왕생　원왕생

제가 지금 왕생극락 발원하오니

願在彌陀　會中坐
원재미타　회중좌

아미타불 회상에서 앉아 계시며

手執香花　常供養
수집향화　상공양

꽃과 향을 공양하길 원하옵니다.

願往生　願往生
원왕생　원왕생

제가 지금 왕생극락 발원하오니

願生極樂　見彌陀
원생극락　견미타

극락세계 아미타불 찾아뵙고서

獲蒙摩頂　授記別
획몽마정　수기별

마정수기 직접 받길 원하옵니다.

願往生　願往生
원왕생　원왕생

제가 지금 왕생극락 발원하오니

願生華藏　蓮花界
원생화장　연화계

연꽃 가득 화장세계 태어남으로

自他一時　成佛道
자타일시　성불도

모두 함께 도 이루길 원하옵니다.

∘ 소전燒錢 진언[1] 🔔

옴 비로기제 사바하 (3번)

∘ 봉송奉送 진언 🔔

옴 바아라 사다 목차목 (3번)

∘ 상품上品 상생上生 진언 🔔

옴 마니다니 훔훔 바탁 사바하 (3번)

處世間 如虛空
처세간 여허공

如蓮花 不着水
여연화 불착수

心淸淨 超於彼
심청정 초어피

稽首禮 無上尊
계수례 무상존

세상 속에 있더라도 허공과 같고
연꽃처럼 오욕의 삶 물들지 않아
맑디맑은 마음으로 세간 초월해
부처님께 머리 숙여 절하옵니다.

귀의불 귀의법 귀의승.
귀의불 양족존 귀의법 이욕존 귀의승 중중존.
귀의불 경흘 귀의법 경흘 귀의승 경흘.[2]

---

1. 저승에 가서 쓸 종이돈과 영가의 위패 및 유품을 불태우는 진언이다.
2. 여기서 '경흘'이란 '이미 끝났다'는 완료의 뜻으로 '부처님께 귀의했습니다. 가르침에 귀의했습니다. 승가에 귀의했습니다.'라는 의미이다.

善步雲程
선보운정

伏惟珍重
복유진중

구름 타고 극락세계 잘 가시어서

영원토록 행복한 삶 누리오소서.

◦ 보普 회향 진언 🔔

옴 삼마라 삼마라

미만나 사라마하 자거라바 훔 (3번)

(파산破散 게偈)[1] 🔔

火湯風搖 天地壞
화탕풍요 천지괴

寥寥長在 白雲間
요요장재 백운간

一聲揮破 金城壁
일성휘파 금성벽

但向佛前 七寶山
단향불전 칠보산

영겁 불길 싹슬바람 천지 없애도

텅 빈 고요 구름 사이 영원하리니

한소리에 은산철벽 부셔버리고

부처님 전 칠보산을 향할 뿐이네.

🔔

南無 歡喜藏 摩尼寶積佛
나무 환희장 마니보적불

南無 圓滿藏 菩薩摩訶薩
나무 원만장 보살마하살

南無 廻向藏 菩薩摩訶薩
나무 회향장 보살마하살

나무 환희장 마니보적불

나무 원만장 보살마하살

나무 회향장 보살마하살.

---

1. 재를 끝내는 게송이다.

상용常用 영반靈飯

(거불擧佛)

南無 極樂導師 阿彌陀佛
나무 극락도사 아미타불

극락도사 아미타 부처님께 귀의합니다.

南無 觀音勢至 兩大菩薩
나무 관음세지 양대보살

관음보살 대세지 보살님께 귀의합니다.

南無 大聖引路王菩薩
나무 대성인로왕보살

대성 인로왕 보살님께 귀의하옵니다.

(창혼唱魂 3번 흔들며 합장한다.)[1]

사바세계 남섬부주 동양 대한민국 (   ) 청정 수월도량에서 오늘 지극정성으로 (사십구재, 천도재, 백중재)를 맞이하여 청정한 재를 올리는 (행효자, 행효녀) 공덕으로 (영 가)께서 극락정토에 태어나기를 엎드려 비나이다.

또한 전생에 걸쳐 오랜 세월 동안 영가의 스승이 되고 부모가 되었던 분과 종친들 형제 백부 숙부 자매 조카 멀고 가까운 모든 권속까지도 청정한 재를 올리는 이 공덕으로 극락정토에 태어나실 것을 엎드려 비나이다.

---

1. 영반은 영가를 위하여 베푸는 법력이 들어간 음식을 말한다. 상용 영반은 영가를 천도하기 위해 늘 부처님의 법을 일러주는 의식이다. 동참재자는 영단 쪽을 향하여 법사의 안내에 따라 차례로 잔을 올리고 절을 한 뒤, 뒤돌아서 법사에게 예를 올리도록 한다. '창혼'은 영가를 불러 축원하는 것이다.

또한 이 도량 안팎과 위아래에 걸쳐 맴도는 모든 외로운 영혼들과 모든 불자들도 청정한 재를 올리는 이 공덕으로 극락정토에 태어나실 것을 엎드려 비나이다.

(착어着語) 🔔

靈明性覺　妙難思
영명성각　묘난사
月墮秋潭　桂影寒
월타추담　계영한
金鐸數聲　開覺路
금탁수성　개각로
暫辭眞界　下香壇
잠사진계　하향단

신령스런 밝은 성품 상상조차 어려워라
가을 못에 달이 첨벙 계수나무 찬 그림자
요령소리 들려오니 깨달음의 길이 열려
있는 곳을 잠시 떠나 이 자리로 내려오네.

(진령振鈴 게偈)[1] 🔔🔔

以此振鈴　伸召請
이차진령　신소청
冥途鬼界　普聞知
명도귀계　보문지
願承三寶　力加持
원승삼보　역가지
今日今時　來赴會
금일금시　내부회

이 요령소리로 삼가 영가들을 맞이하오니
이 소리를 듣고 뜻을 아는 영가들은 모두
삼보의 위엄과 신통력으로 가피를 입어
이 자리에 지금 빠짐없이 모여 주시옵소서.

◦ 보普 소청召請 진언 🔔

나무 보보제리 가리다리 다타 아다야 (3번)

---

1. 요령을 흔들어 법회에 영가를 청하는 게송이다.

(고혼孤魂 청請)[1] 🔔

一心 奉請
일심 봉청

지극한 마음으로 받들어 청하옵니다.

生緣已盡 大命俄遷
생연이진 대명아천

이 세상 인연이 다해 저 세상으로 가시니

旣作 黃泉之客
기작 황천지객

넋이 이미 황천길 나그네가 되어

己爲 追薦之魂
이위 추천지혼

천도를 받는 주인공이 되어버렸습니다.

彷彿形容 依俙面目
방불형용 의희면목

생전 모습 어디 있나 분명하지 아니하나

今此 至極精誠
금차 지극정성

지금 생전 지극정성 받들었던 효행으로

生前孝行 死後虔誠
생전효행 사후건성

사후에도 잘 모시고 싶나이다. 그러므로

某日齋 施食之辰
모일재 시식지신

(   ) 영가 재일을 맞이하여 법공양을 올리오니

爇香壇前
설향단전

향내음에 흠뻑 젖어 그 은혜를 받으시옵소서.

奉請齋者 (某處) 居住
봉청재자 모처 거주

재를 올리는 재자는 (   )에 거주하며

行孝子 某人 伏爲
행효자 모인 복위

행효자 (   )는 엎드려 선망부모 (   )

先父母 (   )靈駕
선부모   영가

영가를 이 자리에서 받들어 청하옵니다.

唯願 承佛威光
유원 승불위광

오직 바라옵건대 부처님의 위엄과 광명으로

來詣香壇
내예향단

향과 꽃으로 장엄한 이 법단에 오시어

---

1. 법주가 요령을 흔들며 집전하면서 외로운 영가를 청한다.

受霑法供 수점법공	법공양에 흠뻑 젖어 그 은혜를 받으시옵소서.

香煙請 향연청	향을 사르며 맞이하옵니다. (3번)

諸靈限盡 致身亡 제령한진 치신망	모든 영가 수명 다해 가진 몸이 사라지니
石火光陰 夢一場 석화광음 몽일장	번쩍하는 세월 속에 한바탕의 꿈이로세
三魂杳杳 歸何處 삼혼묘묘 귀하처	이 세상을 떠난 영혼 어드메로 갈지 몰라
七魄茫茫 去遠鄉 칠백망망 거원향	아득하고 막막하게 허공 속을 떠돈다네.

○ 수위受位 안좌安座 진언[1]

옴 마니 군다니 훔훔 사바하 (3번)

(헌다獻茶 게게偈)[2]

百草林中 一味新 백초임중 일미신	향기로운 온갖 약풀 싱그러운 맛
趙州常勸 幾千人 조주상권 기천인	조주 스님 많은 사람 맛보이고자
烹將石鼎 江心水 팽장석정 강심수	돌솥 안에 맑은 물을 끓여 놓았으니

願使亡靈 歇苦輪 원사망령 헐고륜	망령들이 고통에서 쉬게 하여 주옵소서.
願使孤魂 歇苦輪 원사고혼 헐고륜	외로운 영혼이 고통에서 쉬게 하여 주옵소서.

---

1. 편히 자리에 앉게 하는 진언이다. 영가를 위하여 밥을 세 수저 물에 말아준다.
2. 차를 올리는 게송이다.

願使諸靈 歇苦輪
원사제령 헐고륜

모든 영가가 고통에서 쉬게 하여 주시옵소서.

(헌식獻食 소疏)[1] 🔔

今日 靈駕 爲主
금일 영가 위주

금일 모시는 영가를 위해

上來召請 諸佛子等
상래소청 제불자등

이 자리에 청해 온 모든 불자시여

香爇 五分之眞香
향설 오분지진향

향을 사르오니 계정혜 해탈의 법신 향기에

薰發大智
훈발대지

흠뻑 젖어 부처님 큰 지혜를 드러낼 것입니다.

燈然 般若之明燈
등연 반야지명등

등불을 밝히오니 반야지혜의 밝은 등불로

照破昏衢
조파혼구

영가들의 어두운 세상을 비출 것입니다.

茶獻 趙州之淸茶
다헌 조주지청다

감로다를 올리오니 조주선사 맑은 차로

頓息渴情
돈식갈정

영가의 갈증을 바로 해결해 줄 것입니다.

果獻 仙都之眞品
과헌 선도지진품

과일을 바치오니 신선들이 먹는 과일로

常助一味
상조일미

늘 한결같은 맛을 보게 해 줄 것입니다.

食進 香積之珍羞
식진 향적지진수

음식을 드리오니 향기로운 진수성찬으로

---

1. 향반을 올리는 이유를 밝힌다. 향반은 향기로운 음식인데 법공양을 비유한 것이다.

永絶飢虛
영절기허

영원토록 굶주림에서 벗어날 것입니다.

今日 靈駕 爲主
금일 영가 위주

上來召請 諸佛子等
상래소청 제불자등

금일 모시는 영가를 위해
이 자리에 청해 온 모든 불자시여

於此物物 種種珍羞
어차물물 종종진수

不從千降
부종천강

非從地聳
비종지용

여기에 있는 온갖 진수성찬이
하늘에서 떨어진 것도 아니요
땅에서 솟아나온 것도 아닙니다.

但從齋者之一片誠心
단종재자지일편성심

流出 羅列靈前
유출 나열영전

伏惟尙饗
복유상향

오로지 변함없는 재자의 지극정성으로
영가님 전에 법공양을 차려 놓았으니
조촐하더라도 흠향하시옵소서.

반야심경 독송

(59쪽 참조)

(풍송가지諷誦加持)[1]

宣密加持
선밀가지

身田潤澤 業火淸凉
신전윤택 업화청량

各求解脫
각구해탈

비밀스런 가피 공덕 말할 것이니
몸과 마음 윤택하며 온갖 업 쉬어
저마다가 고통 벗고 해탈하소서.

1. '풍송가지諷誦加持'는 읽고 외운 공덕으로 가피를 받는다는 뜻이다.

◦ 보普 공양 진언 🔔🪘

옴 아아나 삼바바 바아라 훔 (3번)

◦ 보普 회향 진언 🔔🪘

옴 삼마라 삼마라

미만나 사라마하 자거라바 훔 (3번)

(공양供養 찬讚)[2] 🔔

受我 수아	此法食 차법식	이 자리에서 저희 법공양을 다 받았으니
何異 하이	阿難饌[1] 아난찬	아난의 시식과 어찌 다를 바 있겠습니까
飢腸 기장	咸飽滿 함포만	법에 대한 굶주림이 사라지고 배가 부르니
業火 업화	頓淸凉 돈청량	법의 가피로 업의 불길이 단번에 시원해집니다.

頓捨 돈사	貪嗔癡 탐진치	바로 탐욕과 성냄 어리석음을 버리고
常歸 상귀	佛法僧 불법승	언제나 불법승 삼보에 귀의하오니
念念 염념	菩提心 보리심	생각마다 하나하나 부처님의 마음이요
處處 처처	安樂國 안락국	가는 곳마다 극락정토만 있을 뿐입니다.

---

1. 아난이 아귀와의 전생 업연으로 머리가 아팠는데 시식施食을 베풀어 병을 고쳤다는 일화가 있다.
2. 공양 공덕을 찬탄한다.

(금강경 사구게)

凡所有相 皆是虛妄
범소유상 개시허망

若見諸相非相
약견제상비상

卽見如來
즉견여래

무릇 온갖 모습은 다 허망하니

허망한 모습에서 참모습을 보면

그 자리에서 곧 여래를 볼 것입니다.

여래 십호十號

여래 응공 정변지 명행족 선서 세간해

무상사 조어장부 천인사 불세존 (3번)

(법화경 사구게)

諸法 從本來
제법 종본래

常自 寂滅相
상자 적멸상

佛子 行道己
불자 행도이

來世 得作佛
내세 득작불

온갖 법은 본디부터

늘 고요한 모습이니

불자들이 이를 알면

부처님이 될 것일세.

(열반경 사구게)

諸行無常
제행무상

是生滅法
시생멸법

生滅滅己
생멸멸이

寂滅爲樂
적멸위락

세월 속에 흐르는 법 모두 변하여

빠짐없이 생멸하는 법이 되지만

생멸하는 인연법이 사라진다면

적멸로서 그 자체가 즐거움이네.

(장엄염불 게송)[1] 🔔

願我盡生　無別念
원아진생　무별념

阿彌陀佛　獨相隨
아미타불　독상수

心心常係　玉毫光
심심상계　옥호광

念念不離　金色相
염념불리　금색상

제가 이 생 다하도록 오직 한마음

아미타불 부처님만 따라가리니

마음은 늘 옥호광명 속에 들어가

생각마다 황금빛 몸 떠나질 않네.

我執念珠　法界觀
아집염주　법계관

虛空爲繩　無不貫
허공위승　무불관

平等舍那　無何處
평등사나　무하처

觀求西方　阿彌陀
관구서방　아미타

제가 이제 염주 들고 법계를 봄에

허공에서 내려 보니 모든 것 보여

노사나불 어디인들 아니 계실까

서방정토 아미타불 눈앞에 있네.

南無　西方大教主
나무　서방대교주

無量壽　如來佛
무량수　여래불

南無　阿彌陀佛
나무　아미타불

극락세계 교주에게 귀의하오니

무량수불 영원한 빛 영원한 생명

아미타불 부처님께 귀의합니다.

極樂堂前　滿月容
극락당전　만월용

玉毫金色　照虛空
옥호금색　조허공

若人一念　稱名號
약인일념　칭명호

頃刻圓成　無量功
경각원성　무량공

극락전 앞 아미타불 보름달과 같은 모습

옥호광명 황금빛이 허공 가득 비추나니

누구라도 마음 모아 아미타불 부른다면

순식간에 깨달아서 무량공덕 이루리라.

---

1. 장엄염불은 시간에 따라 적당히 가감할 수 있다. 게송이 끝날 때마다 '나무아미타불' 후렴을 길게 넣어준다.

阿彌陀佛	在何方	아미타불 부처님이 어느 곳에 계신가를
아미타불	재하방	
着得心頭	切莫忘	마음속에 아로새겨 결코 잊지 말지어다
착득심두	절막망	
念到念窮	無念處	생각하다 모든 생각 끊어진 곳 도달하면
염도염궁	무념처	
六門常放	紫金光	몸에서 늘 세상 밝힐 금빛광명 놓으리라.
육문상방	자금광	

願共法界	諸衆生	원하오니 이 법계의 모든 중생 빠짐없이
원공법계	제중생	
同入彌陀	大願海	모두 함께 아미타불 원력 바다 들어가서
동입미타	대원해	
盡未來際	度衆生	오는 세상 다하도록 중생들을 제도하여
진미래제	도중생	
自他一時	成佛道	모든 중생 한날한시 부처님 삶 이루소서.
자타일시	성불도	

나무 서방정토 극락세계 삼십육만억 일십일만 구천오백
　　　동명동호 대자대비 아미타불

나무 서방정토 극락세계 불신장광 상호무변 금색광명
　　　변조법계 사십팔원 도탈중생 불가설 불가설전 불가설
　　　항하사 불찰미진수 도마죽위 무한극수 삼백육십만억
　　　일십일만 구천오백 동명동호 대자대비 아등도사
　　　금색여래 아미타불[1]

---

1. 원문은 다음과 같다.
　南無 西方淨土 極樂世界 三十六萬億 一十一萬 九千五百 同名同號 大慈大悲 阿彌陀佛 南無 西方淨土 極樂世界
　佛身長廣 相好無邊 金色光明 遍照法界 四十八願 度脫衆生 不可說 不可說轉 不可說 恒河沙 佛刹微塵數 稻麻竹葦
　無限極數 三百六十萬億 一十一萬 九千五百 同名同號 大慈大悲 我等導師 金色如來阿彌陀佛

나무 문수보살 나무 보현보살 나무 관세음보살 나무 대세지보
살 나무 금강장보살 나무 제장애보살 나무 미륵보살 나무 지장
보살 나무 일체청정 대해중보살마하살

願共法界　諸衆生
원공법계　제중생
同入彌陀　大願海
동입미타　대원해

원하오니 이 법계의 모든 중생 빠짐없이
모두 함께 아미타불 원력 바다 들어가소서.

(발원發願 게偈)

十方三世佛　阿彌陀第一
시방삼세불　아미타제일
九品度中生　威德無窮極
구품도중생　위덕무궁극

시방삼세 부처님 중 아미타불 제일이니
중생제도 하는 방편 위엄복덕 끝이 없네.

我今大歸依　懺悔三業罪
아금대귀의　참회삼업죄
凡有諸福善　至心用回向
범유제복선　지심용회향

제가 지금 귀의하여 지은 죄를 참회하고
갖고 있는 온갖 복덕 지극정성 회향하리.

願同　念佛人
원동　염불인
盡生　極樂國
진생　극락국
見佛　了生死
견불　요생사
如佛　度一切
여불　도일체

몸과 마음 다 바쳐서 지극정성 원하오니
염불하는 사람 모두 극락정토 태어나서
부처님을 만나 뵙고 모든 생사 끝내고선
부처님이 그러하듯 모든 중생 제도하리.

(왕생往生 게偈)[1]

願我臨欲　命終時
원아임욕　명종시

盡除一切　諸障礙
진제일체　제장애

面見彼佛　阿彌陀
면견피불　아미타

卽得往生　安樂刹
즉득왕생　안락찰

원하오니 저의 목숨 끊어질 적에
남김없이 모든 장애 다 제거하여
눈앞에서 아미타불 바로 만남에
그 자리서 극락정토 왕생하리라.

願以此功德　普及於一切
원이차공덕　보급어일체

我等與衆生　當生極樂國
아등여중생　당생극락국

同見無量壽　皆共成佛道
동견무량수　개공성불도

원하오니 이 공덕이 모든 곳에 널리 퍼져
저와 같이 모든 중생 극락세계 태어나서
아미타불 만나 뵙고 모두 성불 하옵소서.

---

1. 극락정토에 날 것을 기원하는 게송이다. 곧 왕생을 비는 게송이다.

봉안奉安 편篇[1] 🔔

오늘 사바세계 남섬부주 동양 대한민국 (   ) 청정 수월도량 에서 지극한 마음으로 (   )에 거주하는 재자 및 동참불자 (   )는 먼저 가신 불자 (   ) 영가의 (   )재를 마치고 위패를 봉안하옵니다.

(봉안奉安 게偈)[2] 🔔🤲

生前有形質 死後無蹤迹
생전유형질 사후무종적
請入法王宮 安心坐道場
청입법왕궁 안심좌도량

죽고 나니 생전 모습 어디에도 흔적 없네
법왕 궁전 들어가서 편안하게 쉬옵소서.

(봉송奉送 게偈)[3] 🔔🤲

奉送孤魂 泊有情
봉송고혼 계유정
地獄餓鬼 及傍生
지옥아귀 급방생
我於他日 建道場
아어타일 건도량
不違本誓 還來赴
불위본서 환래부

외로운 영가와 빠짐없이 모든 중생의 영가
지옥 아귀 축생의 영가까지 함께 보내드리오니
제가 어느 날 청정 수월도량을 세우게 되면
본디 원력 저버리지 마옵시고 다시 오시옵소서.

---

1. 위패를 봉안하여 극락세계로 보내는 의식인데, 위패를 절에 모실 때는 봉송 게와 법성게를 하고 마친다. 법성게는 178쪽 참조.
2. 위패를 봉안하는 게송이다. 위패를 태우고 탈상할 때에는 장엄염불을 한 후 봉송 게로 넘어간다.
3. 봉송 게가 끝나면 상주에게 위패, 향로, 촛대를 들게 하고 대중과 함께 부처님을 향한다.

【극락왕생 하옵소서】

영가시여, 저희들이 지극정성 염불하니
무명업장 없어지고 반야지혜 드러나서
생사고해 벗어남에 해탈열반 성취하여
이 자리서 극락왕생 모두 성불 하옵소서.

사대육신 허망한 것 결국에는 사라지니
이 육신에 집착 않고 참된 진리 깨달으면
온갖 고통 벗어나서 영원토록 행복하리.

살아생전 애착하던 사대육신 무엇인고?
한순간에 숨 멎으면 주인 없는 목석일세.

인연 따라 모인 것은 인연 따라 흩어지니
태어남도 인연이요 죽는 것도 인연인 걸
그 무엇에 애착하고 그 무엇을 슬퍼하랴.

이 몸으로 움직이면 그림자가 따르듯이
일생동안 살다 보면 죄 없다고 말 못 하리.

죄의 실체 본디 없어 마음 따라 생기는 것
이 마음이 없어질 때 죄업 또한 사라지니
죄란 생각 없어지면 마음 또한 텅 비워져
텅 빈 마음 빛이 나면 참회했다 말하리라.

한 마음이 청정하면 온 세계가 청정하니
모든 업장 참회하여 그 마음이 청정하면
영가님이 가시는 길 광명으로 가득하리.

가시는 길 천리만리 극락정토 어디인가?
번뇌 망상 없어진 곳 그 자리가 극락이니
탐욕 성냄 버리고서 부처님께 귀의하면
무명업장 벗어나서 극락세계 왕생하리.

모든 것이 무상하니 생겨나면 멸하는 것
태어났다 죽는 것은 모든 생명 이치이니
임금으로 태어나서 온 천하를 호령해도
결국에는 죽는 것을 영가님은 모르는가.

영가시여, 이 세상에 오셨다가 가신다니
영가님이 가시는 곳 어디인 줄 아시는가.

태어났다 죽는 것은 중생계의 흐름이라
이곳에서 가신다면 저 세상에 태어나니
오는 듯이 가시옵고 가는 듯이 오신다면
이 육신의 마지막을 걱정할 일 없으리라.

일가친척 많이 있고 부귀영화 높았어도
죽는 길엔 누구 하나 힘이 되지 못했으니
맺고 쌓인 모든 감정 길 떠날 때 짐만 될 뿐
염불하는 인연으로 이 짐 모두 버리소서.

미운 일들 용서하고 욕심 성냄 버려야만
부처님의 마음으로 서방정토 가시리니
삿된 마음 멀리하고 어리석음 벗어나야
반야지혜 이루어져 왕생극락 하오리다.

본디 마음 고요하니 예나 지금 똑같은 것
이 자리에 태어나고 죽는 일이 무엇인고?
부처님이 관 밖으로 양쪽 발을 내보이고
달마대사 고개 넘어 짚신 한 짝 들고 감에
이와 같은 이치들을 영가님이 깨달으면
생사 이미 해결된 것 그 무엇을 슬퍼하랴.

뜬구름이 모였다가 흩어짐이 덧없듯이
중생들의 생사윤회 인연 따라 나타난 것
좋은 인연 지어가고 나쁜 인연 멀리하면
이 다음에 태어날 때 좋은 세상 만나리라.

사대육신 흩어지면 이 마음만 떠나가니
탐욕 성냄 버리시고 집착하는 것이 없어
삿된 소견 다 버리고 맑디맑은 마음으로
부처님의 품에 안겨 왕생극락 하옵소서.

돌고 도는 생사윤회 자기 업을 따라가니
오고 감을 슬퍼 말고 발심하는 기쁨으로
무명업장 밝히시면 무거운 짐 내려놓고
삼악도를 뛰어넘어 극락세계 가오리다
이 세상에 처음 올 때 영가님은 누구였고
한평생을 살고 나서 가시는 분 누구인가.

물이 얼어 얼음 되고 얼음 녹아 물이 되듯
이 세상의 삶과 죽음 인연 따라 변해갈 뿐
이를 알아 육친으로 맺은 정을 거두시고
맑디맑은 마음으로 극락왕생 하옵소서.

영가시여, 한평생을 살고 난 뒤 가실 때에
지은 죄업 남김없이 부처님께 참회하고
한순간도 놓지 않고 아미타불 생각하면
가고 오는 곳곳마다 그대로가 극락이라.

첩첩 쌓인 푸른 산은 아미타불 도량이요
맑은 하늘 흰 구름은 불보살의 발자취라
뭇 생명의 노랫소리 팔만사천 설법이고
산하대지 고요한 것 부처님의 마음이네.

부처님의 마음에선 온 세상이 불국토요
중생들의 마음에는 불국토도 사바세계
집착하는 중생의 삶 하룻밤의 꿈같아서
너와 나란 온갖 분별 본디부터 실체 없네.

빈손으로 오셨다가 빈손으로 가는 인생
그 무엇에 얽매여서 극락왕생 못 하시나

맺은 원결 풀어지면 지옥세계 무너지니
빛과 생명 아미타불 극락왕생 하옵소서.

∘ 파破 지옥 진언

옴 가라지야 사바하 (3번)

∘ 해解 원결 진언[1]

옴 삼다라 가닥 사바하 (3번)

∘ 상품上品 상생上生 진언[2]

옴 마니다니 훔훔 바탁 사바하 (3번)

저희들이 지극정성 합장하고 머리 숙여
부처님께 원하오니 대자대비 내리시어
금일 영가 왕생극락 굽어살펴 주옵소서.

---

1. 맺힌 원한을 푸는 진언이다.
2. 극락정토 제일 좋은 곳에 태어나는 진언이다.

❰ 무상계 ❱

夫無常戒者
부무상계자

入涅槃之要門
입열반지요문

越苦海之慈航
월고해지자항

무상계는 극락정토 들어가는 요긴한 문
생사 바다 건너가는 자비로운 반야 용선

是故 一切諸佛
시고 일체제불

因此戒故 而入涅槃
인차계고 이입열반

이 때문에 부처님들 무상계로 열반 얻고

一切衆生
일체중생

因此戒故 而度苦海
인차계고 이도고해

모든 중생 이 계 받아 생사고해 건너가네.

某靈 汝今日
모령 여금일

迥脫根塵 靈識獨露
형탈근진 영식독로

受佛無上淨戒
수불무상정계

何幸如也
하행여야

(   ) 영가시여,

그대 금일 몸을 벗고 신령스런 마음으로
이 자리서 부처님의 깨끗한 계 받게 되니
이보다 더 행복하고 기쁜 일이 있겠느냐.

某靈
모령

劫火洞燃 大千俱壞
겁화통연 대천구괴

須彌巨海 磨滅無餘
수미거해 마멸무여

何況此身 生老病死
하황차신 생로병사

(   ) 영가시여,

세월 속에 언젠가는 이 세상도 사라지고
수미산과 큰 바다도 마멸되어 없어질 것
이 앞에서 나란 몸에 생로병사 근심 걱정

憂悲苦惱　能與遠違
우비고뇌　능여원위

이와 같은 무슨 말을 더할 필요 있겠느냐.

某靈
모령

髮毛爪齒　皮肉筋骨
발모조치　피육근골

髓腦垢色　皆歸於地
수뇌구색　개귀어지

(　　　　　) 영가시여,
이와 손톱 머리카락 살과 피부 뼈와 근육
단단한 것 흩어져서 땅 밑으로 돌아가고

唾涕膿血　津液涎沫
타체농혈　진액연말

痰淚精氣　大小便利
담루정기　대소변리

皆歸於水　煖氣歸火
개귀어수　난기귀화

침과 가래 콧물 진액 피고름 및 땀방울과
눈물 정액 오줌 똥물 축축한 것 흩어져서
물속으로 돌아가며 몸의 열기 불로 가고

動轉歸風　四大各離
동전귀풍　사대각리

今日亡身　當在何處
금일망신　당재하처

움직이는 기운들은 바람으로 돌아가니
다 흩어져 없어지면 이제 그 몸 어디 있소.

某靈
모령

四大虛假
사대허가

非可愛惜
비가애석

(　　　　　) 영가시여,
땅의 기운 물의 기운 불과 바람 기운 뭉친
허망하고 거짓된 몸 아까울 게 전혀 없네.

(십이연기법)

그대는 먼 옛날부터 이날까지 온갖 세월

汝從無始已來　至于今日
여종무시이래　지우금일

無明緣行
무명 연행

行緣識
행 연 식

識緣名色
식 연 명 색

무명이란 인연으로 중생 마음 만들어져
이 마음이 점차 커져 알음알이 생겨나니
사람 몸에 들어가서 잉태했단 말을 듣네.

名色緣六入
명색 연육입

六入緣觸
육입 연촉

觸緣受
촉 연 수

受緣愛
수 연 애

태아 몸에 눈 귀 코 혀 몸과 뜻의 감각기관
색과 소리 맛과 냄새 감촉 경계 접촉하고
접촉하는 느낌에서 좋고 싫은 것을 알아
좋은 것만 받아들여 사랑하고 집착하네.

愛緣取
애 연 취

取緣有 有緣生
취연유 유연생

生緣老死 憂悲苦惱
생연노사 우비고뇌

좋아하는 그 감각만 취하려고 달려들어
이 집착은 업이 되고 중생계로 태어나서
생로병사 근심 걱정 그 업보를 받게 된다.

無明滅則 行滅
무명멸즉 행멸

行滅則 識滅
행멸즉 식멸

識滅則 名色滅
식멸즉 명색멸

만약 무명 사라지면 중생 마음 사라지고
이 마음이 사라지면 알음알이 없어지니
사람 몸에 들어가서 잉태했단 말도 없네.

名色滅則 六入滅
명색멸즉 육입멸

六入滅則 觸滅
육입멸즉 촉멸

觸滅則 受滅
촉멸즉 수멸

태아 몸이 사라지니 눈 귀 코 혀 있질 않아
감각기관 존재 없어 바깥 경계 접촉 없고
접촉 없어 온갖 느낌 받을 일이 전혀 없네.

受滅則 愛滅
수멸즉 애멸

愛滅則 取滅
애멸즉 취멸

取滅則 有滅
취멸즉 유멸

받아들일 느낌 없어 좋고 싫은 분별 없고
시비분별 사라지니 취할 것도 전혀 없어
취할 것이 없어지니 업도 생길 일이 없네.

有滅則生滅 生滅則
유멸즉생멸 생멸즉

老死 憂悲苦惱滅
노사 우비고뇌멸

업이 없어 중생계로 태어날 일 없으리니
생로병사 근심 걱정 절로 절로 사라진다.

(법화경 사구게)

諸法從本來
제법종본래

常自寂滅相
상자적멸상

佛子行道已
불자행도이

來世得作佛
내세득작불

모든 법은 본디부터 티가 없이 맑고 맑아
늘 언제나 그 자체가 번뇌 없어 고요하니
부처님의 제자들이 이를 알고 도 닦으면
오는 세상 틀림없이 부처님이 될 것이라.

(열반경 사구게)

諸行無常
제행무상

是生滅法
시생멸법

生滅滅已
생멸멸이

寂滅爲樂
적멸위락

이 세상의 모든 존재 늘 바뀌고 덧없는 것
생멸하는 이 법들에 집착하면 모두 고통
이를 알고 집착 없어 마음 다툼 사라지면
부처님의 마음자리 영원토록 행복일세.

歸依佛陀戒
귀의불타계

歸依達磨戒
귀의달마계

歸依僧伽戒
귀의승가계

눈부시게 아름다운 부처님의 거룩한 삶
모든 집착 없애주는 옳고 바른 가르침들
티가 없이 맑고 맑게 수행하신 스님들께
지극정성 절을 하며 이 공양을 올립니다.

(여래 십호)

南無 過去 寶勝如來
나무 과거 보승여래

應供 正遍知 明行足
응공 정변지 명행족

善逝 世間解 無上士
선서 세간해 무상사

調御丈夫 天人師 佛世尊
조어장부 천인사 불세존

과거 세상 보배로서 뛰어나신 부처님께
여래 응공 정변지 명행족 선서 세간해
무상사 조어장부 천인사 불세존께
지극정성 절을 하며 이 공양을 올립니다.

某靈
모령

脫却五陰殼漏子 靈識獨露
탈각오음각루자 영식독로

受佛無上淨戒
수불무상정계

豈不快哉 豈不快哉
기불쾌재 기불쾌재

(   ) 영가시여,
그대 금일 몸을 벗고 신령스런 마음으로
이 자리서 부처님의 깨끗한 계 받았으니
이보다 더 행복하고 기쁜 일이 있습니까.

天堂佛刹
천당불찰

隨念往生
수념왕생

하늘나라 천당이든 부처님의 정토이든
그대 뜻에 따르면서 극락왕생할 것이니

快活快活
쾌활쾌활

이 자리는 너무나도 기쁘면서 즐거운 날.

西來祖意　最堂堂
서래조의　최당당

自淨其心　性本鄕
자정기심　성본향

妙體湛然　無處所
묘체담연　무처소

山河大地　現眞光
산하대지　현진광

조사 스님 높은 뜻은 어딜 가도 당당하니
그대 마음 맑혀 보면 그 자리가 본디 고향
텅 빈 충만 맑은 바탕 이 세상에 가득하여
산하대지 온 누리가 부처님의 빛이로다.

7

향기로운 부처님의 가르침

행복한 삶

【행복경】

01 어리석은 사람을 멀리하고
현명한 사람은 가까이하되
존경할 사람을 존경하는 것
이것이 최상의 행복입니다.

02 자기 분수에 맞게 살며
덕을 쌓는 올바른 생활
이것이 최상의 행복입니다.

03 세상의 기술과 학문을 익혀
하는 일에 걸림이 없는 것
이것이 최상의 행복입니다.

04 부모와 가족을 보살피고
덕행을 소홀히 하지 않는 것
이것이 최상의 행복입니다.

05   비난받을 행동이 없이
       남에게 아낌없이 베풀며
       이웃 간에 다툼이 없는 것
       이것이 최상의 행복입니다.

06   거친 행동을 하지 않고
       술을 절제하고 덕을 쌓는 것
       이것이 최상의 행복입니다.

07   욕심과 성냄이 없으므로
       고요하고 평화로운 마음
       이것이 최상의 행복입니다.

08   어려운 상황을 잘 참고
       상대방을 편안하게 하며
       스승의 가르침을 받는 것
       이것이 최상의 행복입니다.

09 항상 겸손하고 상대방을 존경하며
    주어진 일에 감사하고 만족하는 것
    이것이 최상의 행복입니다.

10 법을 믿고 늘 깨어 있어
    거룩한 삶을 살아가는 것
    이것이 최상의 행복입니다.

11 이렇게 살면 어려움 없이
    언제나 평화로운 모습이니
    이것이 최상의 행복이요
    더없이 으뜸가는 행복입니다.

자비로운 삶

【자비경】

01 자비로운 사람은
    늘 좋은 일을 하며 살아가니
    마음이 정직하고 평화로우며
    말이 부드럽고 고결하며 겸손합니다.

02 자비로운 사람은
    모든 일에 감사하니
    기꺼이 공양 올리는 마음을 내고
    마음이 분주하지 않으니
    생활이 단순하고 소박합니다.

03 자비로운 사람은
    늘 편안하고 거만하지 않으며
    욕심이 없어
    다른 사람에게 비난받지 않으니
    삶 자체가 안락하고 평화롭습니다.

04 자비로운 사람은
     살아 있는 생명이라면
     움직이거나 움직이지 않거나
     가까이 있거나 멀리 있거나
     이미 태어났거나
     앞으로 태어날 존재까지도
     모두 행복하기를 바랍니다.

05 자비로운 사람은
     누구도 속이거나 업신여기지 않고
     분노와 미움 때문에
     고통받는 중생이 없기를 바랍니다.

06 자비로운 사람은
     하나밖에 없는 자식을
     어머니가 목숨 바쳐 보호하듯
     모든 존재의 삶을 끝없이 돌봅니다.

07 자비로운 사람은
　　이 세상을 향하여
　　아무런 원한이 없고 적의가 없으므로
　　끝없이 자비로운 마음이 흘러나옵니다.

08 오가며 앉고 눕는 모든 삶 속에서
　　자비로운 마음을 잊지 않는 것
　　이것이 바로 수행자의 거룩한 삶입니다.

09 그릇된 견해에 빠지지 않고
　　계율을 따르는 아름다운 삶으로
　　바른 지견을 갖추어
　　감각적 욕망이 사라진다면
　　누구라도 반드시 윤회에서 벗어날 것입니다.

뭇 삶 모두 행복하셔야
【보배경】

01　이 자리에 모인
　　땅위의 생명이나 허공의 생명
　　눈에 보이지 않는 생명까지도
　　모두 행복해질 것이니
　　제 이야기를 잘 들으셔야 합니다.

02　살아있는 생명이시여,
　　여기 모인 사람들에게 자비심을 베풀어야 합니다.

　　이분들은 당신들을 위하여
　　밤낮으로 쉬지 않고 공양을 올리고 있기에
　　언제나 당신들은 그들을 지켜 주어야만 합니다.

* 불자에게 가장 귀중한 보배는 삼보에 귀의하여 부처님의 품 안에서 소원을 성취하고 행복해지는 것이다. 보배경은 재난을 없애는 수행법으로 부처님께서 설하신 것이다.

03 이 세상과 저 세상의 어떤 보물도
가장 값어치 있는 천상의 보배라 할지라도
여여한 마음에 견줄 만한 것이 없습니다.
이 마음의 보배로
살아 있는 생명은 모두 행복하셔야 합니다.

04 석가족의 성자는
여여한 마음을 챙겼기에
번뇌가 사라져 욕심이 없어
생멸이 없는 법을 깨달았습니다.

모든 부처님의 가르침도 여기서 나왔으니
이 법과 견줄 만한 것은 세상에 없기 때문입니다.
보배와 같은 이 법의 공덕으로
살아 있는 생명은 모두 행복하셔야 합니다.

05 맑고 깨끗한 마음이
바로 최상의 행복을 가져다주니
세상에서 이와 견줄 만한 보배는 없습니다.

부처님의 가르침에 이 법이 있으니
이 공덕으로
살아 있는 생명은 모두 행복하셔야 합니다.

06 수다원 사다함 아나함 아라한
이들은 맑고 깨끗한 수행자니
공양 받을 만한 부처님의 제자입니다.

이들에게 공양 올린 그 과보는
풍성한 열매를 맺게 하는 보배이니
이 공덕으로
살아 있는 생명은 모두 행복하셔야 합니다.

07   욕망에서 벗어난 출가 대중은
     부처님의 품 안에서 마음이 흔들리지 않아
     이 마음으로 한없이 평온한 행복을 누립니다.

     이런 값진 보배가 승단 안에 있으니
     청정한 보배인 출가 대중의 공덕으로
     살아 있는 생명은 모두 행복하셔야 합니다.

08   사방에서 바람이 불어도
     흔들리지 않는 기둥처럼
     성스러운 진리를 본 사람은
     마음이 흔들리지 않습니다.

     승단에는 이런 보배가 가득하니
     이 공덕으로
     살아 있는 생명은 모두 행복하셔야 합니다.

09 성스러운 진리를 아는 수행자는
　　사는 모습이 흐트러져 보일지라도
　　다시는 중생계에 태어나지 않습니다.

　　승단에는 이런 보배가 가득하니
　　이 공덕으로
　　살아 있는 생명은 모두 행복하셔야 합니다.

10 바른 견해를 가진 사람은
　　'나'가 있다는 잘못된 견해
　　계율과 의식에 대한 집착
　　법에 대한 의심을 다 버리니
　　삼악도에서 벗어나 큰 죄를 짓지 않습니다.

　　이런 값진 보배가 승단 안에 있으니
　　이 공덕으로
　　살아 있는 생명은 모두 행복하셔야 합니다.

11 바른 견해를 가진 지혜로운 분은
    몸과 입과 뜻으로 지은 사소한 잘못도
    바로 참회하여 업장을 녹여 버립니다.

    승단에 이런 훌륭한 보배가 있으니
    이 공덕으로
    살아 있는 생명은 모두 행복하셔야 합니다.

12 무더운 여름날 시원한 그늘을 만들며
    숲속에 나뭇가지마다 꽃이 피듯
    열반으로 가는 법을 설하셨으니
    이 보배로운 부처님의 가르침으로
    살아 있는 생명은 모두 행복하셔야 합니다.

13 최상의 행복을 누리시는 분
    성스러운 길을 가는 고귀하신 분이
    저희에게 최상의 가르침을 주셨습니다.

부처님에게 이런 값진 보배가 있으니
이 공덕으로
살아 있는 생명은 모두 행복하셔야 합니다.

14 과거의 업은 소멸하고
새로운 업은 생겨나지 않으니
미래의 삶에 집착하지 않습니다.

번뇌의 씨앗이 사라졌기에
다시는 욕망이 솟구치지 않는 사람들은
꺼진 불처럼 평온한 안식에 들어갑니다.

승단에는 이런 값진 보배가 있으니
이 공덕으로
살아 있는 생명은 모두 행복하셔야 합니다.

15 땅위의 생명이나 허공의 생명
    눈에 보이거나 보이지 않더라도
    살아 있는 생명은 모두 빠짐없이
    영원한 빛과 생명인 부처님께 예를 올리니

    이 공덕으로
    살아 있는 생명은 모두 행복하셔야 합니다.

16 땅위의 생명이나 허공의 생명
    눈에 보이거나 보이지 않더라도
    살아 있는 생명은 모두
    하늘의 신과 인간들에게 공경을 받는
    부처님의 법에 지극정성 예를 올려야 하니

    이 공덕으로
    살아 있는 생명은 모두 행복하셔야 합니다.

17 땅위의 생명이나 허공의 생명
    눈에 보이거나 보이지 않더라도
    살아 있는 생명은 모두
    하늘의 신과 인간들에게 공경을 받는
    청정 승가에 예를 올려야 합니다.

    이 보배로운 청정 승가의 공덕으로
    살아 있는 생명은 모두 행복하셔야 합니다.

무소의 뿔처럼 홀로 가야
【숫타니파타】

01   생명을 해치지 않고
     친한 벗이나 자식에게도
     조금도 바라는 게 없어야 하니
     이를 아는 지혜로운 사람은
     무소의[1] 뿔처럼 홀로 가야만 합니다.

02   시비분별에서 집착이 일어나
     다투는 일과 불만이 나오니
     이를 아는 지혜로운 사람은
     무소의 뿔처럼 홀로 가야만 합니다.

03   벗이나 좋아하는 사람이라도
     집착하면 많은 문제가 생기니
     이를 아는 지혜로운 사람은
     무소의 뿔처럼 홀로 가야만 합니다.

---

1. 무소는 코뿔소와 같은 말이다. 아프리카코뿔소의 뿔은 하나가 아니라, 큰 뿔 하나 작은 뿔 하나 있긴 하지만, 석가모니 당시에 살았던 인도코뿔소는 분명 뿔이 하나며 새끼 딸린 어미를 제외하고는 단독생활을 하였다. 이 한 개의 뿔이 콧등인 듯 끝은 뾰족하고 뿌리 부분이 매우 굵어 고독하면서도 아주 꿋꿋하게 보인다. 이런 모습을 눈 푸른 수행자에 비유한 말이다.

04   아이와 아내에 대한 집착은
     헝클어진 대숲과 같으니
     이를 아는 지혜로운 사람은
     무소의 뿔처럼 홀로 가야만 합니다.

05   한가롭게 거닐며 풀을 뜯는
     자유로운 숲속의 사슴처럼
     지혜로운 사람은
     무소의 뿔처럼 홀로 가야만 합니다.

06   사람들 속에 있으면
     번거로운 일에 얽히게 되니
     이를 아는 지혜로운 사람은
     무소의 뿔처럼 홀로 가야만 합니다.

07   친구나 아이에게 집착하면
     이들과 멀어질까 두려워하니
     이를 아는 지혜로운 사람은
     무소의 뿔처럼 홀로 가야만 합니다.

08 미워하지 않는 사람은
    모든 것에 마음이 편안하니
    이를 아는 지혜로운 사람은
    무소의 뿔처럼 홀로 가야만 합니다.

09 집착이 없는 사람은
    다른 일에 간섭하지 않으니
    이를 아는 지혜로운 사람은
    무소의 뿔처럼 홀로 가야만 합니다.

10 가정생활의 족쇄를
    거침없이 풀어버린
    용기 있는 눈 푸른 납자는
    무소의 뿔처럼 홀로 가야만 합니다.

11 지혜로운 벗이나
    올바른 도반과 어울리는
    눈 푸른 납자는
    무소의 뿔처럼 홀로 가야만 합니다.

12 좋은 벗을 만나면 사귀되
    그렇지 않다면
    눈 푸른 납자는
    무소의 뿔처럼 홀로 가야만 합니다.

13 황금 팔찌 한 쌍도
    서로 부딪치는 법이니
    이를 아는 눈 푸른 납자는
    무소의 뿔처럼 홀로 가야만 합니다.

14 누군가와 함께 지낼 때는
    쓸데없는 말을 해야 하거나
    성내야 할 일이 있기에
    눈 푸른 납자는
    무소의 뿔처럼 홀로 가야만 합니다.

15 달콤 쌉싸름한 쾌락은
    사람의 마음을 뒤집어 놓으니
    이를 아는 지혜로운 사람은
    무소의 뿔처럼 홀로 가야만 합니다.

16 감각적 쾌락은
    재앙과 공포를 가져오니
    이를 아는 지혜로운 사람은
    무소의 뿔처럼 홀로 가야만 합니다.

17 수행하는 곳에는
    추위도 있고 더위도 있으며
    굶주림과 목마름, 센바람과 많은 비
    곤충이나 뱀들 온갖 고충이 있지만
    지혜로운 사람은
    이를 수행의 즐거움으로 알고
    무소의 뿔처럼 홀로 가야만 합니다.

18 거대한 몸집의 점잖은 코끼리가
    무리를 떠나 홀로 숲속을 돌아다니듯
    지혜로운 사람은
    무소의 뿔처럼 홀로 가야만 합니다.

19 어울리기 좋아하는 사람은
    한때의 자유도 있을 수 없으니
    이를 아는 지혜로운 사람은
    무소의 뿔처럼 홀로 가야만 합니다.

20 그릇된 견해를 없애고
    '바른길'을 얻어야 해탈하니
    이를 아는 지혜로운 사람은
    무소의 뿔처럼 홀로 가야만 합니다.

21 욕심과 거짓을 떠나면
    집착이 없어 어리석지 않으니
    이를 아는 지혜로운 사람은
    무소의 뿔처럼 홀로 가야만 합니다.

22 나쁜 짓을 하고
    그릇된 견해를 가진 친구를
    뜨거운 불을 보듯 피해야 하니
    이를 아는 지혜로운 사람은
    무소의 뿔처럼 홀로 가야만 합니다.

23 지혜로운 도반과 사귀어서
수행에 의혹이 없어야 하니
이를 아는 눈 푸른 납자는
무소의 뿔처럼 홀로 가야만 합니다.

24 세속적인 즐거움에 빠지지 않고
검소한 삶을 살고 진실을 말해야 하니
이를 아는 지혜로운 사람은
무소의 뿔처럼 홀로 가야만 합니다.

25 재물에 대한 집착을 버려야 하니
이를 아는 지혜로운 사람은
무소의 뿔처럼 홀로 가야만 합니다.

26 집착은 속박이므로
오직 한때의 행복일 뿐
괴로움이 많고 즐거움은 적으니
이를 아는 지혜로운 사람은
무소의 뿔처럼 홀로 가야만 합니다.

27 그물을 뚫고 빠져나간 고기처럼
    타버린 뒤 되돌아오지 않는 불길처럼
    모든 집착의 끈을 놓아야 하니
    이를 아는 지혜로운 사람은
    무소의 뿔처럼 홀로 가야만 합니다.

28 빈둥거리지 않고
    한곳에 집중해 살아야 하니
    이를 아는 눈 푸른 납자는
    무소의 뿔처럼 홀로 가야만 합니다.

29 출가하여 가사를 걸친
    눈 푸른 납자는
    무소의 뿔처럼 홀로 가야만 합니다.

30 맛에 연연하지 않고
    탁발하는 집을 가리지 않아야 하니
    이를 아는 눈 푸른 납자는
    무소의 뿔처럼 홀로 가야만 합니다.

31 집착이 없어 자유로워야 하니
    이를 아는 지혜로운 사람은
    무소의 뿔처럼 홀로 가야만 합니다.

32 세상의 기쁨과 슬픔을 다 버리고
    맑고 깨끗한 마음을 얻어야 하니
    이를 아는 지혜로운 사람은
    무소의 뿔처럼 홀로 가야만 합니다.

33 최고의 행복에 도달하기 위하여
    끊임없이 부지런히 정진해야 하니
    이를 아는 지혜로운 사람은
    무소의 뿔처럼 홀로 가야만 합니다.

34 사물의 실체가 무상한 줄 알고
    거기에 집착이 없이 살아야 하니
    이를 아는 지혜로운 사람은
    무소의 뿔처럼 홀로 가야만 합니다.

35 욕망을 끊고 부지런히 배워
올바른 삶을 살아야 하니
이를 아는 지혜로운 사람은
무소의 뿔처럼 홀로 가야만 합니다.

36 소리에 놀라지 않는 사자처럼
그물에 걸리지 않는 바람처럼
자유롭게 살아야 하니
이를 아는 지혜로운 사람은
무소의 뿔처럼 홀로 가야만 합니다.

37 온화하고 자비로운 마음에서
세상과 다투지 않아야 하니
이를 아는 지혜로운 사람은
무소의 뿔처럼 홀로 가야만 합니다.

38 탐욕 성냄 어리석음에서 벗어나
죽음을 두려워하지 않아야 하니
이를 아는 지혜로운 사람은
무소의 뿔처럼 홀로 가야만 합니다.

39 이익을 생각하고 사귀는 곳에서는
순수한 벗을 찾는 것이 어려우니
이를 아는 지혜로운 사람은
무소의 뿔처럼 홀로 가야만 합니다.

뱀이 허물을 벗듯

【숫타니파타】

01 뱀의 독을 없앤 듯
    성냄이 없는 수행자는
    뱀이 허물을 벗듯
    온갖 집착에서 벗어납니다.

02 꽃이 떨어진 듯
    욕망을 버린 수행자는
    뱀이 허물을 벗듯
    온갖 집착에서 벗어납니다.

03 강물이 마른 듯
    탐욕이 없는 수행자는
    뱀이 허물을 벗듯
    온갖 집착에서 벗어납니다.

04 강물이 갈대를 눕히듯
   자만심을 없앤 수행자는
   뱀이 허물을 벗듯
   온갖 집착에서 벗어납니다.

05 무화과에서 꽃을 찾지 않듯
   어떤 모습에도 집착이 없는 수행자는
   뱀이 허물을 벗듯
   온갖 집착에서 벗어납니다.

06 나쁜 성품을 없애
   애착을 버린 수행자는
   뱀이 허물을 벗듯
   온갖 집착에서 벗어납니다.

07 허망한 생각을 다 떨구어
　　세상의 실체를 아는 수행자는
　　뱀이 허물을 벗듯
　　온갖 집착에서 벗어납니다.

08 조급하거나 태만하지 않고
　　갖가지 장애를 극복하는 수행자는
　　뱀이 허물을 벗듯
　　온갖 집착에서 벗어납니다.

09 조급하거나 태만하지 않고
　　세상의 실체를 아는 수행자는
　　뱀이 허물을 벗듯
　　온갖 집착에서 벗어납니다.

10 조급하거나 태만하지 않고
　　탐욕에서 벗어난 수행자는

뱀이 허물을 벗듯
온갖 집착에서 벗어납니다.

11 조급하거나 태만하지 않고
    성냄에서 벗어난 수행자는
    뱀이 허물을 벗듯
    온갖 집착에서 벗어납니다.

12 조급하거나 태만하지 않고
    어리석음에서 벗어난 수행자는
    뱀이 허물을 벗듯
    온갖 집착에서 벗어납니다.

13 성향이 건전하여
    악의 뿌리를 뽑은 수행자는
    뱀이 허물을 벗듯
    온갖 집착에서 벗어납니다.

14 고통의 원인이 되는
    탐욕이 없는 수행자는
    뱀이 허물을 벗듯
    온갖 집착에서 벗어납니다.

15 집착하던 욕망이
    사라진 수행자는
    뱀이 허물을 벗듯
    온갖 집착에서 벗어납니다.

16 탐욕이나 성냄, 들뜸과 우울
    의심이라는 장애가 없으므로
    마음이 안정된 수행자는
    뱀이 허물을 벗듯
    온갖 집착에서 벗어납니다.

몸의 실상을 알아야

【부정관】

누구라도 오가며
앉고 눕는 모든 삶 속에서
자신의 몸을 잘 살펴야만 합니다.

몸뚱이는
뼈와 힘줄로 얽혀
보이지 않게 살갗으로 덮여 있습니다.

뱃속에는
위장 간장 비장 췌장
창자 신장 방광 등이 차지하고
가슴에는 심장과 허파가 들어 있습니다.

* 여기서 말하는 부정관不淨觀은 무상관無常觀, 고관苦觀, 무아관無我觀 다음으로 많이 강조되는 수행법이다.
『법구경』에서 "중생의 몸과 마음의 실체를 알고 자기 욕심을 내려놓는 것은 백만 대군을 이긴 것보다
더 큰 승리이다. 여기서 영원한 행복이 주어지기 때문이다."라고 하였다.

그리고 콧물과 가래 및 침과 땀
피와 담즙, 고름과 기름 같은 것이
이들과 함께 뒤섞여 가득 차 있습니다.

또 몸에는 아홉 개의 구멍이 나 있어
끊임없이 더러운 것들이 흘러나옵니다.
눈과 귀, 코에서는 눈물, 귀지, 콧물이
입으로는 쓰디쓴 즙과 더러운 가래
또한 먹은 것들을 토해 내기도 합니다.

몸에는 땀이 흐르고
시꺼먼 때가 끼기도 하며
머릿속은 뇌수로 꽉 차 있습니다.

이를 잊고 사는 어리석은 사람들은
자기 몸이 영원하리라 착각하는데
그러다 이 몸이 죽어
땅에 버려지면
그 누구도 돌보지 않습니다.

들개 승냥이 여우 까마귀
독수리 벌레 구더기 등 다른 산 것들이
시체를 여기저기 상처 내며 살덩어리를 파먹으니
주변에는 핏물이 흐르고 썩은 냄새가 진동합니다.

이런 몸뚱이로
다른 사람을 천하다고 얕본다면
지혜가 한참 모자라는 사람입니다.

부처님의 가르침에
귀기울이는 수행자는
우리 몸을 잘 이해하고
있는 사실을 그대로 봅니다.

자신의 몸도
죽은 몸과 똑같다 생각하여
몸에 대한 어리석은 집착을 끊습니다.

집착을 끊은 지혜로운 수행자는
시비분별이 없는 고요한 마음으로
영원한 행복을 누릴 수 있습니다.

부처님과 다니야

【숫타니파타】

우기가 되기 전에 다니야는 사랑하는 가족과 키우던 소를 위하여 강가에 집을 잘 지어 놓았다. 이 집이 홍수에 휩쓸릴 위험이 있는 것을 안 세존께서 모습을 나타내시었다.

다니야: 저는 식량과 우유를 비축하여 가족과 함께 강가에서 살고 있습니다. 집을 튼튼하게 짓고 불도 피워 놓아 따뜻하니, 비가 쏟아져도 걱정할 일이 없습니다.

세존: 나는 욕심을 내려놓아 성낼 일이 없으니 오늘 밤 강둑에서 지낼 생각입니다. 욕망의 불길이 마음속에서 꺼져 비가 쏟아져도 걱정할 일이 없습니다.

다니야: 쇠파리나 모기도 보이지 않습니다. 강가에 풀이 많아 소를 키우기도 좋으니 비가 쏟아져도 걱정할 일이 없습니다.

세존: 나는 뗏목을 타고 강을 건너 열반의 언덕에 도달하였습니다. 그러니 비가 쏟아져도 걱정할 일이 없습니다.

다니야: 정숙한 아내와 함께 오랫동안 살며 저는 그녀의 단점을 보지 못하였습니다. 그러니 비가 쏟아져도 걱정할 일이 없습니다.

세존: 욕망에서 벗어난 내 마음은 나를 잘 따릅니다. 차분히 가라앉은 내 마음은 어떤 단점도 보이지 않습니다. 그러니 비가 쏟아져도 걱정할 일이 없습니다.

다니야: 저는 저 스스로 일해서 가정을 꾸립니다. 아이들이 모두 건강하고 착하므로 비가 쏟아져도 걱정할 일이 없습니다.

세존: 나는 누구의 하인도 아닙니다. 내가 가고 싶은 대로 세상을 다니니 어느 누구도 시중들 필요가 없습니다. 그러니 비가 쏟아져도 걱정할 일이 없습니다.

다니야: 저는 젊은 황소와 송아지가 많습니다. 임신한 암소와 소떼의 우두머리 황소도 가졌습니다. 그러니 비가 쏟아져도 걱정할 일이 없습니다.

세존: 나에게는 젊은 황소와 송아지가 없습니다. 임신한 암소와 소떼의 우두머리 황소도 없습니다. 그러니 비가 쏟아져도 걱정

할 일이 없습니다.

다니야: 말뚝은 튼튼하고 새로 꼰 새끼로 잘 묶어 놓아 젊은 송아지도 그것을 끊을 수 없습니다. 그러니 비가 쏟아져도 걱정할 일이 없습니다.

세존: 황소나 코끼리가 튼튼한 밧줄을 끊듯 나는 번뇌의 족쇄를 다 끊었기에 더 이상 걱정할 일이 없습니다. 그러니 비가 쏟아져도 걱정할 일이 없습니다.

갑자기 소나기가 쏟아져 강물이 넘쳐흐르자 다니야가 말하였다.

다니야: 모든 것을 아시는 행복한 분을 만나 뵌 것은 저한테 참으로 행복한 일입니다. 부처님께 귀의하오니, 위대한 안목을 가지신 분이시여, 저희들의 피난처가 되어 주시옵소서. 저와 제 가족 모두가 당신의 가르침을 따르겠습니다. 저희들은 앞으로 거룩한 삶을 살며 생사를 극복하고 괴로움에서 벗어나도록 하겠습니다.

그때 악마가 나타나서 말하였다.

악마: 아이를 가진 부모는 아이들로 기뻐하고, 가축을 가진 사람은 가축들로 기뻐하니, 사람의 기쁨은 가진 것 때문에 있습니다. 아무것도 없는 사람은 그 어떤 기쁨도 있을 수 없습니다.

세존: 아이를 가진 부모는 아이들로 근심하고, 가축을 가진 사람은 가축들로 걱정합니다. 사람의 근심은 모두 가진 것 때문에 있으니, 아무것도 없는 사람은 어떠한 걱정거리도 있을 수가 없습니다.

불설 아미타경

저는 이와 같이 들었습니다.

사위국 기수급고독원에서 부처님께서 1250명의 비구와 함께 계실 때였습니다. 그들은 장로 사리불, 마하목건련, 마하가섭, 마하가전연, 마하구치라, 이바다, 주리반타가, 난타, 아난타, 라후라, 교범바제, 빈두로파라타, 가류타이, 마하겁빈나, 박구라, 아누루타와 같은 큰 제자 분들이었습니다. 아울러 문수사리 법왕자, 아일다, 건타하제, 상정진과 같은 큰 보살님도 함께하였고, 석제환인과 같은 헤아릴 수 없이 많은 하늘 대중들도 함께하였습니다.

그때 부처님께서 장로 사리불에게 말씀하셨습니다.

여기에서 서쪽으로 10만억 불국토를 지나 있는 극락세계에서 아미타 부처님은 지금도 법을 설하고 있다.

사리불이여, 그 국토를 어찌 극락이라 하는가? 그 국토의 중생은 어떤 괴로움도 없이 오직 온갖 즐거움만 받기 때문에 극락이라

한다. 또 사리불이여, 그곳에는 일곱 겹의 난간과 그물과 줄지어 선 가로수가 있는데, 모두 네 가지 보배로 그 주위를 둘러싸고 있기에 그 국토를 극락정토라고 한다.

사리불이여, 극락정토에는 칠보 연못이 있고 그 안에 온갖 공덕을 지니고 있는 물이 가득 차 있다. 연못의 바닥은 순금모래로 깔고, 사방의 계단은 금, 은, 유리, 파리를 섞어 만들었다. 그 위에는 누각이 있는데, 역시 금, 은, 유리, 파리, 자거, 붉은 구슬, 마노로 잘 꾸몄다. 연못 속의 연꽃은 그 크기가 수레바퀴만 하다. 푸른 연꽃에서는 푸른빛이 나고, 노란 연꽃에서는 노란빛이 나며, 붉은 연꽃에서는 붉은빛이 나고 흰색 연꽃에서는 흰빛이 나오는데, 맑고도 미묘한 향기가 순결하다.

사리불이여, 극락정토에는 이와 같은 공덕과 장엄이 있다.

또 사리불이여, 저 부처님의 국토에는 늘 천상의 음악이 흐르고, 황금 땅에 밤낮으로 쉬지 않고 하늘에서 만다라 꽃이 비 오듯 쏟아진다. 그 국토의 중생들은 항상 맑은 새벽에 온갖 아름다운 꽃을 옷자락 안에 담아 다른 세계의 10만억 부처님께 공양을 올리고, 공양 시간에 본래 자리로 돌아와 밥을 먹고 산책을 한다.

사리불이여, 극락정토에는 이와 같은 공덕과 장엄이 있다.

또 사리불이여, 저 국토에는 항상 온갖 기묘한 아름다운 새들이 있는데, 흰 고니, 공작, 앵무새, 사리조, 가릉빈가, 공명조와 같은 새들이다. 이 새들이 모두 밤낮으로 쉬지 않고 부드럽고 우아한 소리로 5근[1], 5력[2], 보리분[3], 팔정도와[4] 같은 법을 이야기하고 있다. 그 국토의 중생들은 이 소리를 들으면서 부처님과 법과 맑고 아름다운 수행자의 삶을 늘 가슴에 품고 산다.

사리불이여, 이 새들이 죄를 지은 과보로 태어났다고 말하지 말라. 왜냐하면 저 부처님의 국토에는 지옥이나 아귀, 축생이란 세계가 없기 때문이다.

사리불이여, 저 부처님의 국토에는 지옥이나 아귀 축생이란 이름조차 없거늘 하물며 그 실체가 있겠느냐. 이 새들은 모두 아미타 부처님께서 아름다운 소리로 법을 널리 알리고자 신통력으로

---

1. '오근五根'은 번뇌를 누르고 깨달음의 길로 이끄는 다섯 가지 근원이다. 신근信根 정진근精進根 염근念根 정근定根 혜근慧根을 이른다.
2. '오력五力'은 부처님의 불가사의한 신통력이니 믿음의 힘, 정진의 힘, 염불의 힘, 선정의 힘, 지혜의 힘 다섯 가지를 말한다.
3. 보리분菩提分이란 깨달아 가는 단계란 뜻으로 37조도품의 칠각지와 같은 말이다. 칠각지七覺支는 불도를 수행하는 데 참되고 거짓되고 선하고 악한 것인지를 잘 살펴 가려내는 택법각분擇法覺分 정진각분精進覺分 희각분喜覺分 제각분除覺分 사각분捨覺分 정각분定覺分 염각분念覺分 등 일곱 가지 지혜를 말한다.
4. 팔정도는 8성도분이라고도 하며 불도를 실천 수행하는 중요한 덕목으로 정견正見 정사正思 정어正語 정업正業 정명正命 정정진正精進 정념正念 정정正定 여덟 가지를 말한다.

변해 나타난 모습이다.

사리불이여, 저 부처님의 국토에는 산들바람이 늘어서 있는 보배나무와 보배그물을 모두 흔들어 아름답고 미묘한 소리를 내니, 마치 온갖 풍악이 동시에 울려 퍼지는 것과 같다. 이 소리를 듣는 사람은 자연스럽게 부처님과 법과 맑고 아름다운 수행자의 삶을 마음속에 품고 산다.

사리불이여, 극락정토에는 이와 같은 공덕과 장엄이 있다.

사리불이여, 그대는 알고 있는가? 저 부처님을 왜 아미타불이라 부르겠느냐?

사리불이여, 저 부처님은 헤아릴 수 없는 광명으로, 시방세계를 두루 비추는 데 걸림이 없으므로 무량광 아미타불이라고 부른다.

또 사리불이여, 저 부처님과 그분의 국토에 사는 모든 사람들의 생명이 영원하므로 무량수 아미타불이라고 부른다.

사리불이여, 아미타불께서 성불하신 뒤로 지금까지 10겁이 지났다. 사리불이여, 저 부처님에게는 헤아릴 수 없이 많은 성문

제자가 있으니, 모두 아라한으로서 숫자로 셀 수 없을 정도로 많다. 그를 따르는 보살대중 또한 이와 같이 많다.

사리불이여, 극락정토에는 이와 같은 공덕과 장엄이 있다.

또 사리불이여, 극락정토에 태어나는 사람들은 모두 불퇴전의 경지에 있는 분들이다. 그 가운데 대다수가 일생보처一生補處[1]인데, 그 수가 너무 많아 숫자로 셈하여 알 수 있는 것이 아니니, 오직 한량없고 끝이 없는 아승기겁의 세월 동안 말해야만 가능하다.

사리불이여, 이 말을 들은 중생은 반드시 극락정토에 태어나기를 발원해야 한다. 왜냐하면 그 발원 덕에 이와 같은 훌륭한 사람들과 함께 모두 한곳에 태어나 모여 살 수 있기 때문이다.

사리불이여, 착한 마음과 복덕의 인연이 없다면 극락정토에 태어날 수가 없다.

사리불이여, 만약 어떤 사람이 아미타 부처님의 이야기를 듣고, 그 명호를 마음속에 지니면서 하루나 이틀, 사흘, 나흘, 닷새,

---

1. 이번 생을 마치고 다음 생에 부처님의 자리로 들어가는 성인을 말한다.

엿새, 이레 동안 마음 모아 그 명호를 놓치지 않는다면, 그 사람이 임종할 때, 아미타 부처님께서 모든 성스러운 대중과 함께 그 앞에 나타난다. 그러면 이 사람의 목숨이 끊어질 때 바른 마음에서 곧바로 아미타불 극락정토에 왕생할 수 있다.

사리불이여, 나는 이와 같은 중생의 이익을 알기 때문에 이런 말을 하니, 이 말을 들었다면 반드시 극락정토에 태어나기를 발원해야 한다.

사리불이여, 내가 지금 아미타 부처님의 불가사의한 공덕을 찬탄한 것처럼 동쪽 방향의 세계에서도 아촉비 부처님, 수미산 모습의 부처님, 큰 수미산 부처님, 수미산 광명의 부처님, 오묘한 소리의 부처님 등과 같은 갠지스강 모래 수만큼 많은 부처님들이 그분들의 국토에서 저마다 모두 거침없이 삼천대천세계에 두루 영향을 주는 다음과 같은 진실한 말씀을 하셨다.

"그대 중생들은 마땅히 불가사의한 공덕으로 칭송받는 모든 부처님이 감싸고 보호하는 이 가르침을 믿어야만 하느니라."

사리불이여, 남쪽 방향의 세계에서도 해와 달처럼 빛나는 부처님, 명성이 빛나는 부처님, 어깨에 불타듯 광명이 솟는 부처님,

수미산 등불의 부처님, 끝없이 정진하시는 부처님 등과 같은 갠지스강 모래 수만큼 많은 부처님들이 그분들의 국토에서 저마다 모두 거침없이 삼천대천세계에 두루 영향을 주는 다음과 같은 진실한 말씀을 하셨다.

"그대 중생들은 마땅히 불가사의한 공덕으로 칭송받는 모든 부처님이 감싸고 보호하는 이 가르침을 믿어야만 하느니라."

사리불이여, 서쪽 방향의 세계에서도 영원한 생명의 부처님, 한량없는 모습으로 나토는 부처님, 한량없는 법의 깃발로 나토는 부처님, 큰 빛 부처님, 큰 밝음 부처님, 보배로운 모습의 부처님, 맑고 깨끗한 광명의 부처님 등과 같은 갠지스강 모래 수만큼 많은 부처님들이 그분들의 국토에서 저마다 모두 거침없이 삼천대천세계에 두루 영향을 주는 다음과 같은 진실한 말씀을 하셨다.

"그대 중생들은 마땅히 불가사의한 공덕으로 칭송받는 모든 부처님이 감싸고 보호하는 이 가르침을 믿어야만 하느니라."

사리불이여, 북쪽 방향의 세계에서도 불빛처럼 빛나고 있는 어깨의 부처님, 가장 뛰어난 소리를 내는 부처님, 그 앞을 막을 수 없는 부처님, 태양처럼 빛나는 부처님, 그물망처럼 모든 곳을 밝히는 부처님 등과 같은 갠지스강 모래 수만큼 많은 부처님들이 그분들의 국토에서 저마다 모두 거침없이 삼천대천세계에 두루 영향을 미치는 다음과 같은 진실한 말씀을 하셨다.

"그대 중생들은 마땅히 불가사의한 공덕으로 칭송받는 모든 부처님이 감싸고 보호하는 이 가르침을 믿어야만 하느니라."

사리불이여, 허공의 아래쪽 방향 세계에서도 사자처럼 우렁찬 부처님, 명망이 높은 부처님, 명예가 빛나는 부처님, 법으로 나타나는 부처님, 법의 깃발로 나타나는 부처님, 법을 지니고 있는 부처님 등과 같은 갠지스강 모래 수만큼 많은 부처님들이 그분들의 국토에서 저마다 모두 거침없이 삼천대천세계에 두루 영향을 미치는 다음과 같은 진실한 말씀을 하셨다.

"그대 중생들은 마땅히 불가사의한 공덕으로 칭송받는 모든 부처님이 감싸고 보호하는 이 가르침을 믿어야만 하느니라."

사리불이여, 허공의 위쪽 방향 세계에서도 하늘 소리의 부처님, 별빛처럼 빛나는 부처님, 향기가 풍기는 부처님, 향기와 빛의 부처님, 어깨에서 광명이 솟는 부처님, 온갖 보배로운 꽃으로 장엄한 부처님, 사라수나무의 왕 부처님, 보배로운 꽃의 공덕 부처님, 모든 의식을 드러내는 부처님, 수미산처럼 큰 부처님 등과 같은 갠지스강 모래 수만큼 많은 부처님들이 그분들의 국토에서 저마다 모두 거침없이 삼천대천세계에 두루 영향을 미치는 진실한 말씀을 하셨다.

"그대 중생들은 마땅히 불가사의한 공덕으로 칭송받는 모든 부처님이 감싸고 보호하는 이 가르침을 믿어야만 하느니라."

사리불이여, 그대의 뜻은 어떠한가? 어찌하여 '모든 부처님이 감싸고 보호하는 가르침'이라고 말하는가? 사리불이여, 만약 어떤 사람이 이 경을 듣고 받아 지니거나 모든 부처님의 명호를 듣는다면, 이 사람들은 모두 '모든 부처님이 똑같이 감싸고 보호할 것'이요, '깨달음에서 물러나지 않을 것'이기 때문이다. 그러므로 사리불이여, 그대들은 모두 나와 모든 부처님께서 말씀하신 것을 믿고 받아들여야만 한다.

사리불이여, 만약 어떤 사람이 과거 현재 미래 어느 때든지 아미타불 극락정토에 태어나기를 원력으로 세웠다면 이런 사람들 모두 부처님의 깨달음에서 물러나지 않으니, 극락정토에 이미 태어났거나, 지금 태어나거나, 미래에 태어날 것이다. 이 때문에 사리불이여, 믿음이 있는 모든 사람은 으레 아미타불 극락정토에 태어나기를 발원해야 한다.

사리불이여, 내가 지금 모든 부처님의 불가사의한 공덕을 찬탄한 것처럼, 저 모든 부처님도 나의 불가사의한 공덕을 칭찬하여 말씀하신다.

"석가모니 부처님은 참으로 어렵고도 희유한 일을 하십니다. 사바세계의 다섯 가지 탁한 나쁜 세상에서[1] 깨달음을 얻고, 모든 중생을 위하여 세상 사람들이 믿기 어려운 법을 말씀하고 있습니다."

사리불이여, 마땅히 알아야 한다. 내가 다섯 가지 탁한 나쁜 세상에서 이 쉽지 않은 일을 실천하여 부처님의 깨달음을 얻고 세상 사람 모두를 위하여 믿기 어려운 법을 설하였으니, 이는 참으로 드문 일이다.

부처님께서 이 가르침을 말씀하시자, 사리불과 모든 비구 및 온갖 세간의 천인과 아수라 등이 부처님께서 하신 말씀을 듣고, 기쁘게 믿고 받아들이면서 절을 올리며 그 자리를 떠났다.[2]

---

1. 오탁악세五濁惡世를 말하며 겁탁劫濁 견탁見濁 번뇌탁煩惱濁 중생탁衆生濁 명탁命濁 등 5가지 더러움이 가득 차 있는 세상이다.
2. 불설 아미타경은 3종의 한역본이 있는데 이 경은 구라마즙 번역본이다.

원각경 보안보살장

01

보안보살이 대중 가운데서 일어나 부처님 발에 이마를 조아려 예배하고, 존경의 표시로 우측으로 세 번 돌며 두 무릎을 땅에 대고 두 손을 모으면서 부처님께 사뢰었다.

크게 자비로우신 세존이시여, 바라옵건대 이 법회의 모든 보살과 말세 중생을 위하여 보살의 수행 절차를 말씀하여 주시옵소서. 또한 어떻게 사유하고 어떻게 그 자리에 머물러야 하겠습니까? 중생들이 아직 깨닫지 못했다면 무슨 방편으로 두루 그 가르침을 알아듣도록 해야 하겠습니까?

세존이시여, 만약 중생들이 올바른 방편과 사유가 없다면, 부처님께서 '삼매조차 허깨비와 같다'고 설하는 것을 듣고도 마음이 어두워, 깨달아 원각에 들어갈 수 없습니다. 바라옵건대 크나큰 자비로 저희와 말세 중생을 위하여 임시로 방편을 설해 주시옵소서.

이 말을 마치고서 오체투지하며 부처님께 간청하기를 이와 같이 거듭 세 번 청하였다.

02
그때 세존께서 보안보살에게 말씀하셨다.

착하고 착하도다 선남자여, 그대가 모든 보살과 말세 중생을 위하여 여래의 수행 절차와 올바른 사유 및 거기에 머무르는 법과 중생을 제도하는 임시방편을 묻는구나. 그대들은 자세히 들어라. 마땅히 그대들을 위하여 설하리라.

그러자 보안보살이 부처님의 가르침을 받들고 기뻐하며 모든 대중과 함께 묵연히 부처님 말씀에 귀를 기울였다.

선남자여, 새로 배우는 보살과 말세 중생이 여래의 청정한 원각 심圓覺心을 구하려면 바른 생각으로 모든 환幻을 여의어야 한다. 먼저 부처님 마음에 의지하고 굳게 계율을 지니며, 편안하게 대중과 함께 생활하면서 조용한 수행처에서 좌선을 하고 항상 다음과 같은 생각을 지녀야 한다.

'지금 나의 몸은 지地·수水·화火·풍風이 어울려 만들어졌다. 머리털과 손톱, 치아와 살갗, 근육과 뼈, 골수와 뇌 등 모든 것은 썩어서 땅의 기운으로 돌아갈 것이다.

콧물과 피고름, 침과 눈물, 정액과 대소변 등 손에 적셔지는 축축한 모든 것은 물의 기운으로 돌아갈 것이다.

몸의 따뜻한 기운은 불의 기운으로 돌아가고, 들숨과 날숨같이 몸속에서 움직이는 모든 기운은 바람의 기운으로 돌아간다.

이렇게 나의 몸이 흩어지면 허망한 이 몸은 지금 어디에 있는 것인가.'

이런 사유로 결국 실체 없는 이 몸은 네 가지 인연으로 만들어진 모습이니, 허깨비와 같은 줄 알게 될 것이다.

이 몸에 허망한 인연이 모여 이를 잠시 마음이라 부르기도 하니, 선남자여, 이 허망한 마음은 바깥 경계가 없으면 존재할 수 없다. 바깥 경계가 제각기 사대四大로 흩어져 없어지면 여기에 반연하는 마음도 없기 때문이다.

03
선남자여, 헛된 몸이 사라지면 거기에 깃든 헛된 마음이 사라지고, 헛된 마음이 사라지면 이것이 반연하는 헛된 경계도 없어진다. 헛된 경계가 없어지니 허깨비를 없앤다는 절차도 존재하지 않는다.

허깨비를 없앤다는 절차도 사라진 그 자리에 허깨비가 아닌 부처님의 마음만 남게 되니, 이는 마치 더러운 거울을 닦아 때 먼지가 사라지면 원래 밝은 거울이 나타나는 것과 같다.

그러므로 선남자여, 중생의 몸과 마음은 모두 허망한 번뇌이니, 이것이 사라져야 시방세계가 청정해진다는 것을 알아야 한다.

04

선남자여, 이는 비유하면 맑고 투명한 여의주에 다섯 가지 색이 비칠 때, 보는 방향에 따라 다섯 가지 색깔이 나타날 뿐인 것을, 어리석은 사람들은 마니보주에 실제 다섯 가지 색깔이 있다고 생각하는 것과 같다.

선남자여, 원각의 청정한 성품에 인연 따라 몸과 마음이 나타나는 것을 두고 중생은 제각각 달리 반응한다.

청정한 원각에 몸과 마음이 실제 있다고 말하는 것은 어리석은 이들이니, 이 집착으로 인하여 허깨비를 멀리 여읠 수가 없기 때문이다. 그래서 내가 몸과 마음을 그 자체로 허망한 번뇌라고 말한다.

허망한 번뇌를 여읜 사람을 보살이라 하지만, 번뇌가 다하여 상대적 경계가 제거되면 곧 대치할 번뇌도, 이와 관련하여 이름 붙일 것도 없다.

선남자여, 보살과 말세 중생이 허깨비의 실체를 모두 알면 시간과 공간을 초월한 맑고 깨끗한 마음자리를 얻는다. 끝없는 허공도 각覺에서 나타난 것이기 때문이다.

05

각覺이 오롯이 밝으므로 맑고 깨끗한 마음이 드러나고, 마음이 맑고 깨끗하니 보는 경계도 맑고 깨끗하다.

보는 것이 맑고 깨끗하므로 눈이 청정하고, 눈이 청정하므로 보고 아는 것도 청정하다.

아는 것이 청정하므로 듣는 경계도 청정하고, 듣는 것이 청정하므로 귀도 청정하며, 귀가 청정하므로 듣고 아는 것도 청정하다.

아는 것이 청정하므로 경계를 깨닫는 것도 청정하듯 코·혀·몸·뜻도 청정하다.

선남자여, 눈이 청정하므로 색의 경계도 청정하고, 색이 청정하므로 소리의 경계도 청정하듯 향香·미味·촉觸·법法도 청정하다.

선남자여, 바깥 경계가 청정하므로 대지가 청정하고, 대지가 청정하므로 강물이 청정하듯 불길과 바람도 청정하다.

선남자여, 땅과 물, 불과 바람이 청정하므로 십이처[1], 십팔계[2], 이십오유가[3] 청정하고 그들이 청정하므로 십력[4], 사무소외[5], 사무애지四無碍智, 부처님의 십팔불공법[6], 삼십칠조도품이[7] 청정하여 팔만사천 다라니문 모든 것이 청정하다.

06

선남자여, 모든 실상의 성품이 청정하니 한 몸이 청정하고, 한

---

1. 십이처十二處는 육근六根과 육진六塵을 합한 것을 말한다.
2. 십팔계十八界는 십이처에 육식六識을 합한 것이다.
3. 중생계를 25개로 나눈 것이 '이십오유二十五有'인데 욕계 14유, 색계 7유, 무색계 4유를 말한다.
4. 십력十力은 부처님의 열 가지 전지전능한 지혜이다.
5. 사무소외四無所畏는 두려움이 없는 부처님의 네 가지 힘이다.
6. 십팔불공법十八不共法은 이승이나 보살에게 해당이 안 되는 부처님께만 있는 공덕으로서 십력, 사무소외, 삼념주三念住, 대비大悲를 합한 열여덟 가지를 말한다.
7. 삼십칠조도품三十七助道品은 열반으로 가기 위하여 닦는 서른일곱 가지 수행으로 사념처·사정근·사신족·오근·오력·칠각지·팔정도를 말한다.

몸이 청정하므로 많은 몸이 청정하며, 많은 몸이 청정하니 시방세계 모든 중생의 원각이 청정하다.

선남자여, 한 세계가 청정하니 많은 세계가 청정하고, 많은 세계가 청정하므로 허공계가 다하도록 삼세를 싸안고 모두 평등하니 맑고 깨끗한 부처님 마음자리가 움직이지 않는 것이다.

선남자여, 허공이 이처럼 평등하여 움직이지 않으니, 이는 마땅히 깨달음의 성품이 평등하여 움직이지 않는 줄 알아야 한다. 지地·수水·화火·풍風의 실체가 움직이지 않으니, 이는 마땅히 깨달음의 성품이 평등하여 움직이지 않는 줄 알아야 한다. 이처럼 '팔만사천 다라니문'까지 평등하여 움직이지 않으니, 이는 마땅히 깨달음의 성품이 평등하여 움직이지 않는 줄 알아야 한다.

07

선남자여, 깨달음의 성품이 두루 가득하고 맑고 깨끗하며 움직이지 않고 오롯하여 그 끝이 없으므로, 이는 마땅히 육근六根이 법계에 두루 가득한 줄 알아야 한다.

육근이 두루 가득하므로, 이는 마땅히 육진六塵이 법계에 두루 가득한 줄 알아야 한다.

육진이 법계에 두루 가득하므로, 이는 마땅히 지地·수水·화火·풍風 사대四大가 법계에 두루 가득한 줄 알아야 한다. 나아가 팔만사천 다라니문이 법계에 두루 가득한 줄 알아야 한다.

선남자여, 저 오묘한 깨달음의 성품이 법계에 두루 가득하므로, 육근과 육진의 성품이 서로 허물거나 섞이지 않으며, 육근과 육진의 성품이 서로 허물거나 섞이지 않으므로 팔만사천다라니문도 허물거나 섞이지 않는다.

이는 마치 백천 개의 등에서 나오는 불빛이 하나의 방안을 비출 때, 그 불빛이 방안에 두루 가득하면서도 각각의 빛이 서로 허물거나 섞이지 않는 것과 같다.

08

선남자여, 마땅히 알아야 한다. 깨달음을 성취하면 보살은 어떠한 법에도 묶이지 않고 어떠한 법으로도 해탈하지를 않는다. 생사를 싫어하지도 않고 열반을 좋아하지도 않는다. 계율을 공경하지도 않고 그것을 훼손하는 것도 미워하지 않는다. 수행을 오랫동안 해도 그것만 소중히 여기는 마음이 없고, 초학자라도 가볍게 보지를 않는다. 왜냐하면 모든 것이 깨달음이기 때문이다. 비유컨대 눈으로 눈앞의 경계를 환히 알아도 그 눈빛에는 조금도 미워하고 사랑하는 마음이 없는 것과 같다. 왜냐하면 눈빛의 바탕은 분별이 없으므로 미워하고 사랑하는 마음이 없기 때문이다.

09

선남자여, 보살과 말세 중생이 공부를 성취한 자리는 닦을 것이나 성취할 것도 없다. 이는 원각이 두루 비추어도 적멸과 다른 것이 아니기 때문이다. 그 가운데서 셀 수 없이 많은 부처님의 세계가 허공의 꽃처럼 어지럽게 피어나고 사라지나, 이는 원각 자체가 아니면서 원각을 벗어난 것도 아니니, 여기에 묶이거나 벗어날 것도 없다. 중생이 본디 성불해 있으므로 생사와 열반이 어젯밤 꿈과 같음을 알게 된 것이다.

선남자여, 모든 것이 어젯밤 꿈과 같으니 생사와 열반이 생기거나 멸할 것도 없고, 오고갈 것도 없음을 알아야 한다. 증득한 원각도 얻거나 잃게 될 것이 없고 취하거나 버릴 게 없으며, 원각을 깨닫는 자도 깨달음을 수행의 대상으로 하는 작지임멸作止任滅의[1] 과정이 없다. 이 원각을 증득하면 능能도 없고 소

---

1. 작作은 고의로 하는 것이니, 좋다는 일체의 법을 일부러 만들어 나가는 것이다. 지止는 그치어 쉬는 것이니, 일체의 삿된 생각을 그치고 쉬려는 것이다. 임任은 일이 되어 가는 대로 맡기는 것이니, 마음이

所도 없으니, 결국에 증득할 것과 증득할 자도 없어 모든 법성이 평등하여 허물어질 것이 아니기 때문이다.

선남자여, 모든 보살이 이처럼 수행을 점차적으로 하고 그 이치를 사유하면서, 이치에 머물러 방편으로 깨닫고 이와 같이 법을 구하면 공부에 혼란이 없을 것이다.

그때 세존께서 거듭 이 뜻을 펼치려고 게송으로 다음과 같이 말씀하셨다.

　보안보살이여, 마땅히 알아야 한다.

　시방세계 두루 있는 모든 중생들
　빠짐없이 몸과 마음 모두 허깨비.

　몸이란 것 지수화풍 사대四大뿐이고
　중생 마음 바깥 경계 따라가는 것
　지수화풍 그 바탕이 흩어진다면
　누가 있어 몸과 마음 모아 놓을까.

일어나는 대로 맡겨서 작作과 지止에 구애받지 않으려는 것을 말한다. 멸滅은 적멸寂滅이니, 번뇌를 끊어 마음과 경계가 다 공空한 것을 말한다. 작지임멸作止任滅 그 어느 것도 수행자가 버릴 수 없는 것이다. 다만 이를 마음에 취하는 바가 있으면 각覺에 장애가 되니 이를 병이라 한다.

이를 알고 차근차근 수행하면
온갖 미혹 끊어지고 청정해져서
움직이지 않고서도 법계에 두루
작지임멸作止任滅 온갖 수행 필요치 않고
깨달음을 증득할 자 또한 없다네.

모든 곳에 두루 하신 부처님 세계
허공에 핀 꽃과 같아 실체 없으니
과거 현재 미래 모두 평등한 모습
결국에는 가고 옴이 전혀 없구려.

보리심을 처음 발한 보살님들과
근기 약한 말법시대 모든 중생이
부처님 삶 들어가려 마음 낸다면
서슴없이 이와 같이 닦아 익히리.

8

찬불가

집회가

정운문 작사
정민섭 작곡

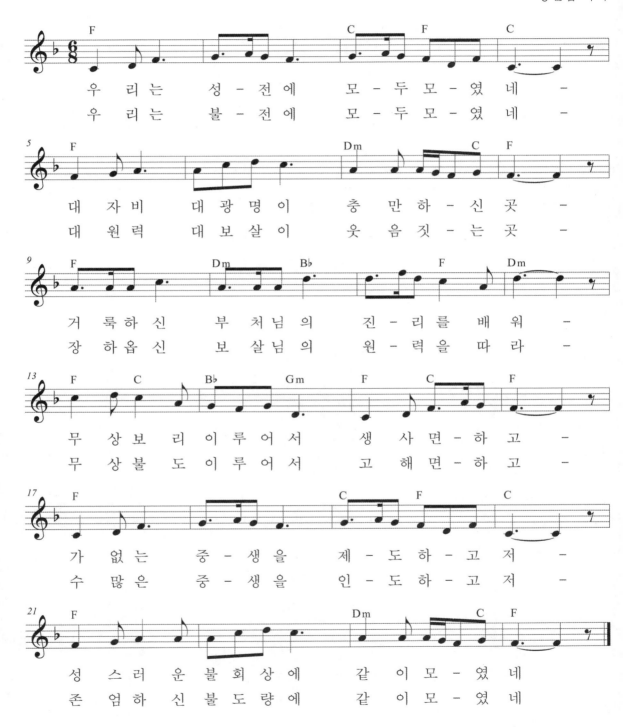

우 리는 성 - 전에 모 - 두 모 - 였 네 -
우 리는 불 - 전에 모 - 두 모 - 였 네

대 자 비 대 광 명 이 충 만 하 - 신 곳 -
대 원 력 대 보 살 이 웃 음 짓 - 는 곳 -

거 룩 하 신 부 처 님 의 진 - 리 를 배 워 -
장 하 옵 신 보 살 님 의 원 - 력 을 따 라 -

무 상 보 리 이 루 어 서 생 사 면 - 하 고 -
무 상 불 도 이 루 어 서 고 해 면 - 하 고 -

가 없 는 중 - 생 을 제 - 도 하 - 고 저 -
수 많 은 중 - 생 을 인 - 도 하 - 고 저 -

성 스 러 운 불 회 상 에 같 이 모 - 였 네
존 엄 하 신 불 도 량 에 같 이 모 - 였 네

삼귀의

최영철 작곡

거룩한 부-처님께 귀의합니다

거룩한 가-르침에 귀의합니다

거룩한 스-님들께 귀의합니다

청법가

이광수 작사
이찬우 작곡

덕 높으신 스-승님 사 자좌에오르사 -

사 자-후 를합-소서 감 로법을주-소서

옛 인연 을이 어서 새 인연 을맺-도록

대 자-비를베-푸사 법 을설 하옵-소서

사홍서원

최영철 작곡

중 생 을 다　　건 지 오 리 다

번 뇌 를 다　　끊 으 오 리 다

법 문 을 다　　배 우 오 리 다

불 도 를 다　　이 루 오 리 다

산회가

정운문 작사
정민섭 작곡

몸 은 비 - 록 이 자 리 에 서 헤 어 - 지 지 만

마 음 - 은 언 제 라 도 떠 나 - 지 마 세

거 룩 하 신 부 처 님 항 상 모 시 - 고

오 늘 배 - 운 높 은 법 문 깊 이 - 새 겨 서

다 음 날 반 갑 게 한 맘 한 뜻 으 로

부 처 님 의 성 전 - 에 다 시 만 나 - 세

보현행원

정운문 작사
정민섭 작곡

내 이제 두 손 모아 청하옵나니
내 이제 엎드려서 원하옵나니

시방세계 부처님 우주 대광명
영겁토록 열반에 들지 맙시고

두 눈어둔 이 내 몸 굽어살피사
이 세상의 중생을 굽어살피사

위 없는 대법문을 널리 여소서
삼계화택 심한 고난 구원하소서

허 공계와 중생계가 다할지라도
허 공계와 중생계가 다할때까지

오늘 세운 이 서원은 끝없 사오리
오늘 세운 이 서원은 끝없 사오리

고운 님 잘 가소서

정공채 작사
조광재 작곡

길을 갑니다

문정희 작사
김동환 작곡

길을갑니다　　외로운길을　　부처님 말-씀 등불을삼아
길을갑니다　　외로운길을　　부처님 말-씀 등불을삼아

쉬지않-고　　정진하-며　　끊임 없-이 걸어갑니다
밤낮없-이　　정진하-며　　끊임 없-이 나아갑니다

어두운 삼라만상 중생의길을　　청정하신부처님모 습
어두운 인간세상 중생의길을　　고귀하신부처님모 습

귀감을삼아　　쉬-지않고　　정진하며걸어갑 니 다
귀감을삼아　　밤-낮없이　　정진하며걸어갑 니 다

밝혀주소서　　자비의등불　　삼라만상더-욱밝 게

밝혀주소서　　진리의등불　　더욱높게밝혀주소 서

바람 부는 산사

정목스님 작사
정경천 작곡

부처님 법 안에서

김미영 작사
김미영 작곡

무엇이 저를 하염없이 합장하게합니까
무엇이 저를 눈물로써 기도하게합니까

깊고깊은곳 다드러내어 모두비우렵니다
멀고머나먼 과거생부터 모두비우렵니다

살아가는동안 기쁨과슬픔이 부처님법안에서

생겨나서웃고 멸하여서우니 부처님법안이라

기쁨과슬픔 생과멸에도 항상함이없어라

진리의손길 바로여기에 님께서계십니다

부처님법안에서

부처님 오신 날

덕신스님 작사
박범훈 작곡

도솔 - 천   맑은하-늘   상서로움어 - 리 - 어 -
사방칠보   걸으시-며   장광설을베푸시 - 어 -
님께 - 서   오시었-네   오늘은-초 - 파 - 일 -

한 줄기 -   찬 란한 -   빛으로-오 - 신   날 -
거 룩하신   원만상호   대자비로감 싸시고 -
크 나큰 -   기 쁨이여   광명의-날 이 로 세 -

천 상천하   유아독존   사 자후를하 - 시 니 -
이 땅위에   단비되어   영 원함을주 - 시 니 -
오 - 색의   감로수로   구 룡토수공 양 하 니 -

높 - 은산 -   너른-들 -   온세상이밝아지고 -
하 - 늘이 -   열 리-고 -   땅들도-춤을추네 -
몸 과마음 -   심 지-삼아 -   연등공양올리어서 -

룸 비 니 - 동 - 산 에　꽃 들 이 - 만 발 하 여 -
오 탁 의 - 사 바 세 계　영 원 으 로 이 어 지 고 -
성 불 하 는 그 날 까 지　이 내 서 원 다 - 하 여 -

뭇 생 - 명 환 희 - 하 - 며　기 쁨 으 로 예 경 하 네 -
내 마 - 음 끝 자 락 까 - 지　사 무 치 어 맞 이 하 네
천 진 스 런 본 래 - 면 목　마 음 빛 - 찾 아 보 - 세

빛 으 로 오 - 신 님 -　기 쁨 으 로 오 - 신 님 -

오 늘 - 은 초 파 - 일　부 처 님 오 - 신 - 날

불교도의 노래

서정주 작사
김동진 작곡

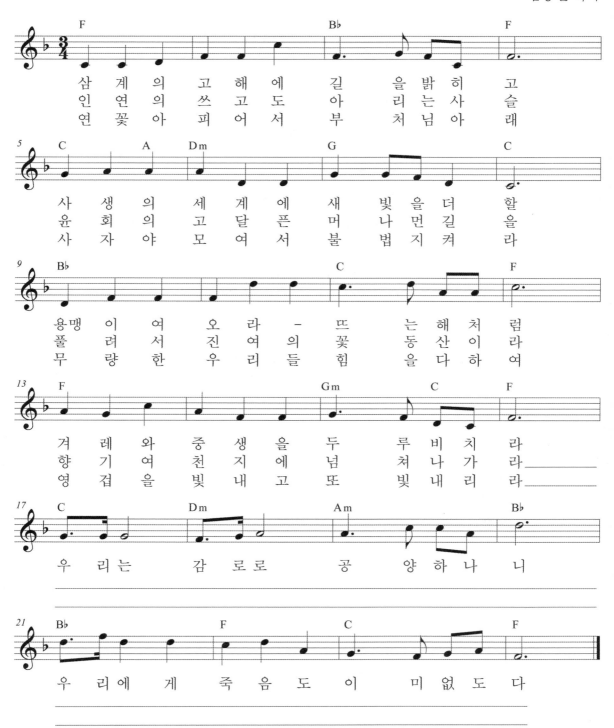

삼 계 의 고 해 에 길 을 밝 히 고
인 연 의 쓰 고 도 아 리 는 사 슬
연 꽃 아 피 어 서 부 처 님 아 래

사 생 의 세 계 에 새 빛 을 더 할
윤 회 의 고 달 픈 머 나 먼 길 을
사 자 야 모 여 서 불 법 지 켜 라

용 맹 이 여 오 라 - 뜨 는 해 처 럼
풀 려 서 진 여 의 꽃 동 산 이 라
무 량 한 우 리 들 힘 을 다 하 여

겨 레 와 중 생 을 두 루 비 치 라
향 기 여 천 지 에 넘 쳐 나 가 라____
영 겁 을 빛 내 고 또 빛 내 리 라____

우 리 는 감 로 로 공 양 하 나 니

우 리 에 게 죽 음 도 이 미 없 도 다

새 법우 환영가

정다운 작사
서창업 작곡

부 처 님 의 은 덕 으 로　참 - 나 를 찾 으 니
사 바 연 에 시 달 린 몸　다 - 벗 어 던 지 고

오 늘 부 터 온 - 우 주 에　주 인 이 되 었 네
내 님 따 라 깊 - 은 곳 에　빈 몸 으 로 와 서

어 진 맘 과 참 된 힘 을　다 - 받 쳐 줄 법 우 들
그 립 던 님 품 에 안 겨　한 - 마 - 음 얻 으 니

한 겨 레 의 짙 - 은 피 로　보 련 화 피 우 세
세 세 생 생 인 - 연 되 어　잠 들 게 하 소 서

연꽃 피어오르리

덕신스님 작사
김희경 작곡

우리도 부처님같이

맹석분 작사
이달철 작곡

어 둠은 한-순간 그 대로가빛이라네
원 망은 한-순간 모 든것이은혜라네

바 른생각바른말 바 른 - 행 동 이
지 족하는마 - 음 감 사 하 는마음 이

무 명을 거-두고 우 주를 밝-히는
나 누는 기-쁨을 맛 볼수 있 - 는

이 제는 가-슴깊 이 깨 달을수있-다 네 정 진
이 제는 여 - 실 히 깨 달을수있-다 네

하 세정진하 - 세 물 러남이없는정 - 진 우 리

도 부-처-님 같이 우 리도부처님같 이

왕생극락의 노래

정완영 작사
김회경 작곡

뻘흙 같-은 이-세상에　　목숨으로뿌리 내-려
저 - 하-늘 한-장구름　　이 는 것이삶이라 - 면

곧 은 줄-기 추-스러서　　목 마름도달랬 었 고
깊 - 은-물 달-그림자　　잠 긴것이죽음 이 라

푸 른 바람 - 받아내-려　　연잎으로실었 거-니
구 - 름과 - 달-그림자　　본 래실상없는 것-을

왕 생 극락 - 하-신날에　　연 화 대에오르 소 서
한 - 줄-기 푸-른연기　　열 반 경에드옵 소 서

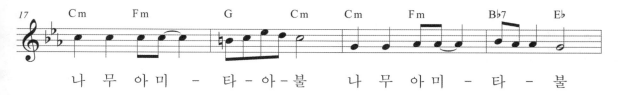

나 무 아 미 – 타 – 아 – 불 　 나 무 아 미 – 타 – 불

나 무 아 미 – 타 – 아 – 불 　 나 무 – 관 세 음 보 – 살

나 무 – 관 세 음 보 – 살 　 나 무 – 관 세 음 – 보 – 살

나 무 – 관 세 음 – 보 – 살

초파일의 노래

이청화 작사
변규백 작곡

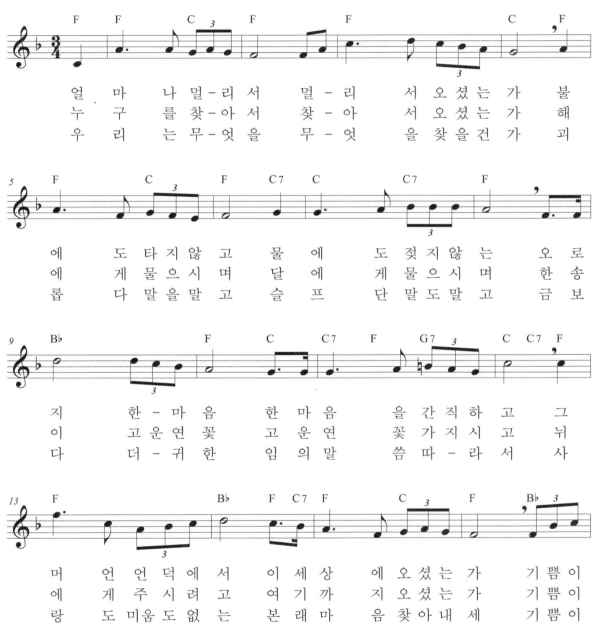

얼 마 나 멀-리서 멀-리 서오셨는가 불
누 구 를 찾-아서 찾-아 서오셨는가 해
우 리 는무-엇을 무-엇 을찾을건가 괴

에 도 타지않고 물 에 도젖지않는 오 로
에 게 물으시며 달 에 게물으시며 한 송
롭 다 말을말고 슬 프 단말도말고 금 보

지 한-마음 한마음 을간직하고 그
이 고운연꽃 고운연 꽃가지시고 뉘
다 더-귀한 임의말 씀따-라서 사

머 언 언덕에서 이세상 에오셨는가 기쁨이
에 게 주시려고 여기까 지오셨는가 기쁨이
랑 도 미움도없 는 본래마 음찾아내세 기쁨이

여　　　기쁨이여　　　임을맞　는기쁨이여　　　오늘
여　　　기쁨이여　　　임을맞　는기쁨이여
여　　　기쁨이여　　　등밝히　는기쁨이여

은　　사월　초파일　부처님　　오－신날

해탈의 기쁨

한 생 각바로돌－려　얽힌번 뇌끊고보니　천상
윤 회 의고해에－서　피안언 덕이르르니　어두

천 하넓은우－주　걸릴것 이하나없－고　평
웠 던나의마－음　한순간 에밝아지－고　본

등 한성품속－엔　너와내 가따로없－네　대－
래 의천진면－목　진실하 게드러나－네　위－

자 재 유아독 존　바로이 것 인－것을　해
없 는 님의진 리　영원한 빛 가운데에　열

탈 의참된기－쁨　사바세 계가득하－네
반 의대합창－이　온누리 에가득하－네

홀로 피는 연꽃

우 성 작사
서창업 작곡

맑은바람 스-미 는 초여름 연못에
해가지는 산-기슭 고요한 연못에
달이뜨는 두메산골 적막한 연못에

모든시름 잊-은듯 초연하게 피-는모습
임은가도 홀로남아 청아하게 피-는모습
꿈을꾸듯 물-에떠 소담하게 피-는모습

흘깃보면 여민듯이 다시보면 웃는듯이
눈을뜨면 선연하게 눈감으면 아련하게
다가올듯 멀어지고 멀어질듯 다가오는

연연히 풍겨오는 그윽한 임의향 기
오탁의 연못속에 아름도 하시어 라
아쉬운 임의모습 내맘에 머물거 라

아- 연꽃이 지-는구 나

아- 연꽃이 피-는구 나

반야심경

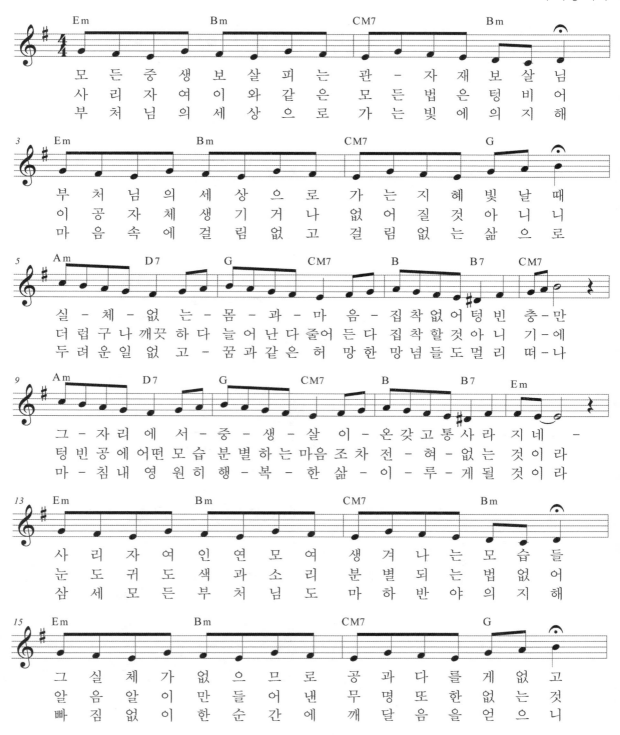

구미정 작곡

텅 - 빈 - 공 에 - 인 - 연 - 모 여 - 드 - 러 - 나 는 색 이 니
무 명 에 서 생 겨 난 삶 과 죽 음 조 차 없 어 집 - 착 - 할 일 아 니 니
신 비 롭 고 밝 으 며 최 - 상 - 공 덕 - 으 뜸 가 는 주 문 이 므 로

이 공 또 한 그 대 로 가 모 든 색 과 다 름 없 - 네
고 집 멸 도 지 혜 모 두 얻 - 을 - 것 이 없 - 네
중 생 들 의 온 갖 고 통 없 애 주 고 달 래 주 - 네

색 그 대 로 공 이 면 서 공 그 대 로 색 이 - 라
얻 을 것 이 없 는 것 은 깨 칠 것 이 없 음 이 라_____
진 실 되 고 헛 됨 없 는 부 처 님 의 주 문 이 라_____

아 제 아 - 제 바 라 아 - 제 바 라 - 승 아 제

1, 2.   3.
보 디 스 바 하   보 디 스 바 - 하

◉ 원순 스님이 풀어쓰거나 강설한 책들

능엄경 1, 2	중생계는 중생의 망상으로 생겨났음을 일깨우며, 번뇌를 벗어나 부처님 마음자리로 들어가는 가르침과 능엄신주를 설한 경전
규봉스님 금강경	금강경을 논리적으로 풀어가고 있는 기존의 시각과 다른 새로운 금강경 해설서
부대사 금강경	경에 담긴 뜻을 부대사가 게송으로 풀어낸 책
야부스님 금강경	경의 골수를 선시로 풀어 가슴을 뚫는 문학적 가치가 높은 책
육조스님 금강경	금강경의 이치를 대중적으로 쉽게 풀어쓴 금강경 기본 해설서
종경스님 금강경	아름다운 게송으로 금강경 골수를 드러내는 명쾌한 해설서
함허스님 금강경	다섯 분의 금강경 풀이를 연결하여 꿰뚫어 보게 하면서 금강경의 전개를 파악하고 근본 가르침을 또렷이 알 수 있게 설명한 험허스님의 걸작
지장경	지장보살의 전생 이야기와 그분의 원력이 담긴 경전
연꽃법화경	모든 중생이 부처님이라는 혁신적인 내용을 담고 있으면서도 고전문학의 가치를 지닌 경전
연경별찬	설잠 김시습이 『연꽃법화경』을 찬탄하여 쓴 글
한글 원각경	함허득통 스님이 주해한 원각경을 알기 쉽게 풀어쓴 글
초발심자경문	이 세상 모든 사람을 위한 마음 닦는 글
치문 1·2·3권	생활 속에서 가까이 해야 할 선사들의 주옥같은 가르침
선가귀감	경전과 어록에서 선의 요점만 추려 엮은 '선 수행의 길잡이'
큰 믿음을 일으키는 글	불교 논서의 백미로 꼽히는 『대승기신론 소·별기』 번역서
마음을 바로 봅시다 上下	『종경록』 고갱이를 추린 『명추회요』 국내 최초 번역서
선요	선의 참뜻을 일반 불자들도 알 수 있도록 풀이한 글
몽산법어	간화선의 교과서로 불리는 간화선 지침서

禪 스승의 편지	선방 수좌들의 필독서, 대혜 스님의 『서장書狀』 바로 그 책
절요	"선禪의 종착지로 가는 길'을 알려주는 보조지눌 스님의 저서
진심직설	행복한 마음을 명료하게 설명해 주는 참마음 수행 지침서
선원제전집도서	선과 교의 전체 내용을 체계적으로 정리한 참 좋은 책
무문관	선의 종지로 들어갈 문이 따로 없으니 오직 화두만 참구할 뿐
정혜결사문	이 시대에 정혜결사의 뜻을 생각해 보게 하는 보조 스님의 명저
선문정로	퇴옹 성철 큰스님께서 전하시는 '선의 종착지는 어디인가?'
육조단경 덕이본	육조스님 일대기와 가르침을 극적으로 풀어낸 선종 으뜸 경전
돈오입도요문론	단숨에 깨달아 도에 들어가는 가르침을 잘 정리한 책
신심명·증도가	마음을 일깨워 주는 게송으로서 영원한 선 문학의 정수
한글 법보 염불집	불교 의식에 쓰는 어려운 한문 법요집의 뜻을 이해하고 염불할 수 있도록 아름다운 우리말로 풀어씀
돈오입도요문 강설	깨달음을 얻기 위하여 꼭 알아야 할 내용을 50여 개의 주제로 정리하여 문답식으로 설명하고 있는 돈오입도요문 강설본
신심명 강설	신심명 게송을 하나하나 알기 쉽게 풀어 선어록의 이해를 돕는 지침서
선禪 수행의 길잡이	선과 교를 하나로 쉽게 이해하는 『선가귀감』을 강설한 책
돈황법보단경 강설	육조스님 가르침을 간결하고 명료하게 담고 있는 책 저자의 강설이 실려 있어 깊은 뜻을 쉽게 이해할 수 있는 책

독송 및 사경본 _ 우리말 금강반야바라밀경 독송본과 사경본
  우리말 관세음보살보문품 독송본과 사경본
  약사유리광 칠불본원공덕경 독송본과 사경본
  보현행원품 사경본, 미륵경 독송본과 사경본
  초발심자경문 사경본 / 우리말 독송 지장경
  부모은중경 우리말 독송 사경본

한글 법보 염불집

삶속에서 독송해야 할 보배로운 가르침

초판 발행 ┃ 2020년 4월 30일
개정판 발행 ┃ 2024년 1월 2일
펴낸이 ┃ 열린마음
편역 ┃ 원순

펴낸곳 ┃ 도서출판 법공양
등록 ┃ 1999년 2월 2일·제1-a2441
주소 ┃ 13150 서울시 종로구 삼봉로 81
두산위브파빌리온 836호
전화 ┃ 02-734-9428 팩스 ┃ 02-6008-7024

ⓒ 원순, 2023
ISBN 978-89-89602-82-8

값 30,000원